La guerre du poil

« Le rire brise la peur. Il ouvre les portes de l'imaginaire.
C'est l'arme la plus forte pour déconstruire un système oppressif ».

Bassem Youssef,
cit. « Le Monde » du 26 avril 2013.

I
Présentation et mise en garde.

« Je marche droit : mais tu vois oblique.
Va donc soigner tes yeux et laisse-moi en paix! »
Omar Khayyâm, Robâiyât.

L'oppression des préliminaires.

J'avais voulu faire les trucs convenablement. Je voulais faire une « introduction ». Je m'y suis repris à six fois. Ceci m'a coûté trois années de masturbation textuelle improductive et totalement abrutissante.

Ton commencement, cher-e lecteur-trice, c'est mon agonie à moi. J'ai donc décidé d'en finir définitivement avec ce texte en le commençant, non pas par une « introduction », mais par une « contre-introduction ». Pour se faire, je vous donne d'emblée ma conclusion :

contrairement à toi ou à moi, Dieu existe.

L'écrivain et le lecteur sont en tout point similaires à deux partenaires qui s'accouplent. Si Proust n'en finit jamais et assomme de caresses soporifiques son lecteur, je veux être celui qui te défonce cash et sans autre forme de préambule. Je suis un raté, un vulgaire et me refuse catégoriquement à te vendre des salades ! Te voilà donc l'objet de mon plaisir, cher lecteur. Tu es mon défouloir, mon sac de frappe.

*

L'absence de poil est réprouvée à certains endroits. Le poil est interdit ou obligatoire selon notre sexe. La coupe du poil est fastidieuse. L'épilation est pour certains, douloureuse. Laisser son entre-jambes en jachère n'est pour beaucoup qu'un conformisme paresseux, non un choix.
Ne pas être épilé peut être un choix, une préférence, mais c'est aussi et pour beaucoup une frustration. Dès lors, l'épilation génitale alimente des fantasmes. Elle est ghettoïsée dans la pornographie ; elle est reléguée aux cochonneries libertines où monsieur prostitue madame dans les clubs échangistes tous les samedis soir.

Ce que je défends ici, c'est que le poil n'implique rien d'autre que le poil. Que le poil des aisselles vaut bien le poil du cul. On l'aime ou on ne l'aime pas.

Mais par pitié ! Cessez donc de trouver des excuses au vide de votre existence en vous épilant comme en partouzant !
Par pitié ! Cessez de vous réfugier dans d'austères postures de rébellion pileuse lorsque vos poils ne sont que les témoignages de votre paresse à vous épiler et à jouir !

*

Que l'on se fiche ou non du poil, que nous l'aimions ou que nous le détestions, le poil ne laisse personne indifférent. Le poil déchaîne les passions, les réactions. Le poil est une idole, un symbole, un trophée ou une calamité. Nul n'est indifférent face au poil.
J'ai vécu, j'ai baisé, j'ai aimé, j'ai prié, j'ai écouté. Mon cerveau a stocké mille réflexions au sujet du poil.
Las de garder pour moi seul cette anthologie du poil, je me suis décidé à partager cette mosaïque de pensées, dans cette « Guerre du Poil ».

Aussi, cher lecteur-trice, permets-moi de te souhaiter une bonne lecture, que tu sois avec ou sans poils!

Avis aux jeunes gens de moins de 20 ans.
Petits cons! Petites connes! Ne vous rasez JAMAIS le sexe et/ou le trou du cul!
Ne cherchez pas à vous épiler en douce, car la déconvenue d'une brûlure au second degré sur les parties risque fort de vous mettre dans une position humiliante envers vos parents, frères et soeurs, urgentistes, infirmiers et infirmières, etc.

Petits cons! Petites connes! Attendez d'entrer dans votre 20e année avant de vous engager dans la guerre du poil... vous comme votre corps n'y êtes pas préparés avant cet âge fatidique.

Vous mettre en garde ne sert à rien. Les petits cons et les petites connes se foutent royalement des avis de leurs ainés qu'ils veulent imiter. Néanmoins, et pour avoir la conscience tranquille, je vais tenter de vous dissuader de l'épilation prématurée.

Sachez que parce que vous imitez les vieux, les vieux se censurent : maman ne met son porte-jarretelles que lorsque vous êtes dehors et papa se prend des fessées de maman, lorsque vous êtes au sport. Et bien maintenant : c'est fini! Je ne me censurerai pas et si vous êtes assez stupides pour vous croire adultes, je vais vous en expliquer le prix à payer.

Si tu es mineur et que tu t'épiles les pendentifs ou les lèvres, tu risques fort de finir chez le pédopsychiatre. Papa et maman se feront entendre que tu refuses de mûrir et qu'il faut te foutre sous neuroleptiques. Ça, c'est dans le meilleur des cas.
Dans le pire des cas, on accusera tonton, grand-tonton, voir même papa (qui se prend des fessées de maman!) de t'avoir tripoté. Le pédopsy expliquera que tu désires toujours être tripoté, mais que tu es délaissé par le pédophile prédateur du fait de tes poils naissants. En conséquence, et pour plaire à ton *hypothétique* prédateur : tu éradiques ce qui le répugne *hypothétiquement*.
En conséquence, papa et maman divorcent. *Hypothétiquement*, papa finit en taule et se fait sodomiser violemment à l'occasion de tournantes tonitruantes. Humilié, meurtri, souillé et *hypothétiquement* coupable : il se suicide. Du coup, tu vis avec ça sur la conscience et tu te détestes. *Hypothétiquement* : tu te suicides à ton tour en te pendant avec les porte-jarretelles léopard de ta mère.
Sache, petite conne, petit con, que le poil déchaîne le chaos et la psychanalyse.

Jeunes gens : ne vous rasez pas les parties! Le désastre qui pourrait s'en suivre est dramatique. Plus tu rases, plus la racine du poil va profond et plus le poil devient dur et long. Le risque de se raser les parties à 15 ans, c'est de se retrouver avec des poils pubiens qui arrivent à mi-cuisse à 20 ans. Demoiselles, damoiseaux, vous ne bénéficierez plus de caresses buccales : nul n'entamera plus la fente, nul n'osera sucer le nez de ce qui ressemblera bien plus à Bob Marley qu'à un sexe.
Les dissidents douillets de la lutte anti-poil laissent entendre qu'en se

rasant un jour, il faut se raser toujours. Là aussi il y a un abus de naïveté sur la jeunesse. Le poil s'épaississant et s'allongeant plus vite à force de le raser finit irrémédiablement par changer votre sexe en une arme redoutable qui pique et qui grattouille. Si, lors des premiers mois le résultat peut sembler agréable, sachez qu'au bout de quelques années vous devenez littéralement impraticables!
Inesthétiques au possible, vos poils pointeront de leur noirceur sous votre peau. A ceci s'ajoutera une démarche ridicule due à l'inconfort de la repousse sur ces parties exposées plus que d'autres aux frottements des vêtements. Seule une jupe et l'absence de culotte pourront vous éviter cette flagrante et inconfortable repousse. Notons que pour les demoiselles, on ne peut être en jupe toute l'année (l'hiver est parfois rude!) quand à ces damoiseaux, ceci se passe de commentaires (hormis pour les écossais).
Si dans votre jeunesse, vous vous êtes laissés avoir par cette inique tentation du rasoir, sachez que l'unique moyen de remédier à cette pilosité dégringolante et agressive passe par l'arrachage des racines : la cire chaude.
Ça saignera, car les racines seront profondes. Ça cicatrisera difficilement, car c'est l'entre-jambes. Ça fera des poils incarnés c'est l'horreur!!! - Enfin, sachez qu'il faudra recommencer l'opération 3 à 4 fois avec 3 semaines d'intervalle. Telle est l'opération si vous voulez récupérer une pilosité normale. En un mot comme en cent : ne vous rasez jamais!

L'abus de films pornos où les mâles sont imberbes peut convaincre certains puceaux de la virilité des corps épilés et huilés. Jeunes puceaux, vous êtes effectivement à deux doigts de perdre votre virginité, mais non pas par où vous l'entendez. En présentant un corps aussi aphrodisiaque dans le vestiaire de foot ou de rugby saturé de testostérone, vous risquez grandement un éclatage de rondelle – consenti ou non.
Certes, vous doutez *comme tout le monde* de votre orientation sexuelle. Vous êtes, *comme tout le monde*, sommé de choisir le camp des hétéros, des homos ou des bi, mais ce n'est pas une raison pour laisser les autres choisir à votre place. Ça peut être douloureux.

Avant 20 ans, question zizi ça urge. Je vous comprends, je suis passé par là. Notons que question zézette, c'est exactement le même topo : il faut de la matière qui réponde aux tripotages solitaires! Néanmoins, soyons sincères, avec ou sans poils, ça ne change rien : vous êtes condamnés à la masturbation ou aux inconfortables touche-pipis dans les parcs publics.

Avant 20 ans, votre corps ne vous appartient pas. Il appartient à l'école, à papa et à maman, à la meute « d'amis ». Plus tard, les filles verront leur corps appartenir à leur mari. Bref, vous n'êtes pas en mesure de vous approprier votre corps en le tatouant, en le perçant ou en vous arrachant les poils. Vous n'en avez ni les moyens physiques ni les moyens financiers ni les moyens structurels. En quelques mots : vous êtes coincés.
C'est seulement à partir de 20 ans, âge béni et symbolique pour le monde des adultes (monde des adultes que vous pénétrez enfin!), que vous pouvez affirmer et assumer votre révolte dépilatoire. C'est l'âge où on peut dire à son père et sans sourciller : « Papa : je suis pédé » ou « Papa, je préfère le jardinage au ramonage ». Si le paternel a des tunes à lâcher et qu'il fume comme un pompier, vous pouvez même grossir le trait pour tenter l'arrêt cardiaque du patriarche. Patriarche dont l'utilité disparaît avec l'avènement de l'ère dépilatoire.
Par exemple, vous pouvez l'assassiner en lui disant : « Papa, je m'épile les couilles : je suis pédé. Tu veux voir? » ou « Papa, j'arrache tous les poils de ma chatte, car je préfère le jardinage au ramonage. On te montre avec maman? »

Chers jeunes gens, ne rentrez pas dans la guerre du poil avant l'heure, car en définitive, tout le monde se contrefout de vous et de vos masturbations dépilatoires. Seuls et pleins de conneries, aucune grande personne saine d'esprit ne peut vous désirer. Quant à ceux de votre âge, ce ne sont pas des flèches, mais bon : c'est tout ce que vous avez sous la main. Rassurez-vous, car ces derniers ont au moins l'avantage de ne pas être exigeants – à 15 ans, on baise pour baiser, même si c'est mal fait.
Si un grand vous flatte en vous mettant la main dans la culotte ou un doigt dans le cul, sachez qu'en plus de la nécessité de lui casser la gueule, ce type de psychopathe n'en a rien à battre de votre pilosité : il cherche juste l'ascendance sur autrui. Ascendance qu'il n'arrive pas à avoir avec les gens de son âge, d'où cet intérêt pour les stupides adolescent-e-s que vous êtes.
Ce type de personne a généralement des soucis avec sa mère. Ce type de personne est à éviter.

II
Procès du poil.

« Laissez fatiguer les ennemis »
Sun Tzu, l'Art de la guerre.

« Je suis un miroir : quiconque me regarde
Y trouve tout le bien et tout le mal qu'il me présente »
Omar Khayyâm, Robâiyât.

Exploration et débandade. Ou : Tragédie de l'étape 5.

Avec la disparition des « zones inconnues et non-explorées » sur les cartes et dans les atlas, il ne reste aux hommes et aux femmes, qu'une seule aventure vers l'inconnu, qu'une terre vierge à explorer : autrui.

Bien souvent, le poil va de pair avec la peur de l'inconnu et le refus de l'aventure. Fréquemment, le poil est le signe d'une pathologie végétative et fataliste que les « hippies » et autres cul-terreux de la « Sainte Nature » appellent : ***« la normalité naturelle »***.

Ce n'est pourtant pas systématique. Il me semble qu'il y ait des gens qui ont goût au poil et ne le conserve pas par paresse, mais par goût. Néanmoins, l'immense majorité des partisans du poil n'y ont pas goût et ont juste en dégoût toute forme d'aventurisme, d'initiative, de responsabilité et d'efforts.

La peur de l'aventure est double : c'est à la fois la peur de s'explorer soi-même et la peur de partir à l'exploration amoureuse d'autrui. Cher lecteur, j'ignore ces peurs : je suis un aventurier !

De toundras en déserts, de forêts domaniales soigneusement entretenues en jungles tout aussi denses qu'impraticables, je découvre des terres inconnues. J'y risque ma vie, je m'y ennuie, j'y connais l'exaltation comme la torpeur. J'y affronte la faune sanguinaire, j'y tombe malade, j'en tombe malade. Je m'y repose, j'y mange, j'y bois, je m'y épuise, je m'y soigne.

Du haut d'une colline désertique, en contre-bas de laquelle une caverne douce et humide laisse monter ses effluves, je veux construire ma demeure. Depuis cet endroit délicieux, je découvre des paysages qui m'inspirent et me séduisent. Depuis cet endroit, je regarde l'astre de l'orgasme s'élever et se coucher. C'est de cette colline d'où je pars en voyage. C'est la rosée de cette colline que j'aime boire et renifler.

Rosée de sueur qui me laisse toujours stupéfait de la variété de parfum qu'elle dégage.
J'aime le goût du sexe. J'aime le découvrir, le dénuder. Je mords et dévore ce fruit fendu et tendu par le mûrissement du désir. Je le redécouvre sans cesse. Il a les mêmes saveurs. Il procure les mêmes plaisirs et pourtant : aucune de ces saveurs, aucun des plaisirs qu'il procure n'est similaire aux précédents.
Il me faut donc explorer pour découvrir et redécouvrir une nouvelle terre ou la même terre qu'hier – terre d'hier que l'amour rend nouvelle à chaque nouvelle exploration.

(J'ai compris, à trente ans, que l'exploration n'est pas dans le donjuanisme. Le donjuanisme enferme dans la perpétuelle redécouverte de la médiocrité : il impose toujours les mêmes déconvenues. A trente ans, j'ai compris qu'il y a des explorateurs pour explorer. J'ai compris que l'exploration n'est pas conquête, mais découverte. A trente ans, j'ai enfin saisi que nous pouvons être l'explorateur des mêmes 3 cm^2 de la même personne pendant 20 ans. Il y a des explorateurs pour explorer et des cartographes pour cartographier. L'explorateur jouit avec autrui, le cartographe donne des noms de lieux et trace des frontières. Don Juan c'est lui ! Contrairement à l'explorateur, le cartographe jouit de sa possession d'autrui. Que le cartographe est pauvre à côté de l'explorateur ! L'explorateur ne convoite pas. Il est simplement curieux du moindre pli, du moindre pore, du moindre frisson...).

Tout commence par le regard. Un corps accroche notre regard et notre regard accroche un autre regard. L'hypocrisie normative voudrait que la présentation du corps ne joue aucun rôle : connerie!
Ce qui mettra les fesses de monsieur ou de madame en valeur est précisément ce qui donnera envie d'explorer de ses doigts, de sa bouche ou de son sexe ledit fessier. Trêve de plaisanteries et de niaiseries : quelqu'un vêtu comme un sac est voué à l'ascétisme le plus sévère.
Le désir d'exploration et de découverte est une réaction opportuniste. Le désir d'être satisfait précède la satisfaction, tout comme l'incarnation de notre désir par autrui est une anticipation de l'émulation de notre désir avec celui d'autrui. Trouver autrui séduisant c'est cela.
Cultiver pour nous-mêmes le fait d'être séduit, cultiver nos charmes pour

nous rendre attirants, sont les premiers pas de l'aventure, de l'exploration. Le cartographe, quant à lui, se contente de faire admettre qu'en s'abandonnant à lui, vous serez mis en valeur sur le planisphère du réseau social où il végète. Putes, hommes et femmes, adorent les cartographes : leur cul ne leur sert jamais qu'à les hisser dans les hiérarchies que le cartographe fait respecter en dessinant les frontières et en baptisant les lieux (ici, les personnes sont tour à tour baptisées sur la carte sociale : « bon coup », « connard », « humoriste », « alcoolique » ou « pétasse »).

Si votre aspect suscite l'intérêt et que celui d'autrui suscite le vôtre, vous échangez des sourires, vous forcez votre regard, puis vous échangez quelques mots. Nous voilà dans la seconde étape.
Parfois, notre désir est tellement débile que tout peut s'arrêter là : une mésinterprétation nous expose à un râteau, à une fin de non recevoir. L'autre peut simplement être poli et répondre à un sourire par un sourire, sans pour autant vouloir nous explorer. Dans ce cas là, soyons beaux joueurs : masturbons-nous.
D'autres fois, nous sommes dans le juste : nous plaisons à la personne qui nous plaît. L'étape sourires, regards et échanges des premiers mots s'en trouve alors très vite validée. Nous passons donc à l'étape 3.

L'étape 3, c'est l'étape la moins naturelle des rapports humains. C'est celle où nous mesurons une distance sidérante entre notre prétendu « nature » et notre réalité. A l'état naturel, l'homo sapiens sapiens n'a pas d'étape 3. Il passe directement à l'étape 6 : niquer.
L'argument pro-poil qu'est la « nature » s'avère être une escroquerie morale. La sexualité humaine n'a plus rien de « naturel » depuis des millénaires. Et ce, dans aucune civilisation.
Notre sexualité est depuis des millénaires, transcendée par l'érotisme. L'érotisme est pour cela le propre de l'humanité, car nous sommes la seule espèce qui en fait usage. Pire encore : nous ne pouvons remplir notre fonction « naturelle » (la sexualité), sans le recours à notre imaginaire et à notre créativité gestuelle, verbale ou tactile qui sont, justement, le langage et les manifestations de l'érotisme.

Bref, l'étape 3, c'est la manifestation et la formulation de la sympathie. Les personnes se plaisant se détachent de la horde pour s'appréhender en privé

et civilement. Concrètement, c'est le moment où nous échangeons nos prénoms, âges et où nous fournissons à l'autre notre curriculum vitae. Curriculum vitae où nous embellissons nos qualités et taisons nos défauts. L'étape 3 n'admet pas la franchise, car la franchise y est vécue comme un rot en pleine gueule.
En définitive, l'étape 3, c'est l'échange de nos états civils où nous prouvons à l'autre que nous sommes « civilisés ».
Être « civilisé » c'est ici se faire reconnaître par l'autre comme membre de la même culture, donc compatible et audible par lui. C'est aussi (et gloire au melting pot!), signifier à l'autre que nous ne sommes pas nécessairement de la même culture que lui, mais que nos différences sont autant de détails qui rendent l'exploration mutuelle passionnante – bien que dans les faits, les cultures érotiques sont bien plus similaires entre elles que les curés des uns et des autres voudraient nous le faire croire.

Le souci de vérité voudrait que je parle du poil aux femmes qui me plaisent à l'étape 3. C'est néanmoins impossible si je veux avoir l'occasion de plaire réellement à la femme qui me plaît. A-t-on jamais vu quelqu'un passer à l'étape 4 sans encombres après avoir demandé : « Au fait... tu te rases ou tu t'épiles? ».
Pour s'isoler physiquement et prouver que nous ne sommes pas qu'une bête décérébrée, il est impératif de rester vague à l'occasion de l'étape 3.

L'isolement physique (chez elle, chez lui) pour boire une tasse de thé en mangeant des petits gâteaux, telle est l'étape 4. C'est celle où nous précisons l'étape 3. C'est celle où madame dit : « Excuse-moi, mais je ne couche jamais le premier soir ». C'est aussi celle où le champ de l'exploration s'élargit en ouvrant la porte de notre habitat « naturel » à l'autre. L'étape 4 est enfin celle du premier contact charnel privilégié : le baiser.
L'étape 4 peut durer une semaine comme 10mn. Tout dépend de l'état des personnes en présence, de leur caractère, de leur désir, de leur maturité ou de leur témérité.
Sachez que nous passons à l'étape 5 si d'aventure des mains se retrouvent dans les culottes.

A l'étape 5, mes partenaires sourient et rougissent en touchant mon sexe.

Pour moi, c'est l'étape décisive, celle que j'appréhende par dessus toutes. C'est l'étape où je vais rougir ou blêmir en touchant le leur. Si l'intimité que je découvre est dénuée de poils : je rougis. A l'inverse, si c'est touffu, hirsute, encombré, habité, en jachère ou rêche : je blêmis.
Si je rougis, je rougis de toutes les possibilités, de l'infinité... je suis libéré, amoureux et sans entraves. Si je blêmis, je blêmis des efforts que je vais devoir fournir. Je blêmis à l'idée de devoir fermer ma gueule et de devoir me motiver pour tenter une érection me permettant de remplir ma fonction. Face au poil, il ne s'agit plus *que* de fonctionner.

(Ici, je caricature. Mes couleurs se nuancent selon les longueurs du poil et l'étendue de l'implantation, et c'est très variable. Néanmoins, je veux caricaturer pour bien me faire comprendre. Habituez-vous, car le reste du texte usera du même style et je ne le préciserai plus.)

C'est à cette étape 5, puis à l'étape 6, que le poil me met en déroute : c'est la débandade, puis le démarrage à la manivelle. Démarrage à la manivelle très souvent infructueux, car le moteur est enrayé dans le poil. En conséquence, je suis contraint de faire l'amour à une femme comme une autre femme lui ferait l'amour.
Notons que j'aime offrir des gestes saphiques à une femme si c'est choisi. Face au poil, ça ne l'est pas. Le poil ne me laisse qu'une bouche et des doigts. Le poil m'émascule. Me voilà amputé, mutilé, castré. Le poil m'est un ennemi aussi terrible qu'efficace.

L'étape 5 est parfois une déception doublée d'une culpabilité atroce.
Mon désir contrarié de douceur et de peau, est parfois agrémenté d'une moiteur considérable et culpabilisante. L'exploration d'une culotte toute aussi humide que poilue, me contraint moralement à remplir ma fonction. Cette femme me désirant ardemment, il serait ignoble de la laisser insatisfaite sous prétexte que le poil me répugne. Déçu et coupable, j'essaie donc de penser comme pourrait penser un sex-toy. C'est-à-dire : avec des piles alcalines dans le cul et des grandes oreilles roses.
Autre option : je me plonge dans mes métaphoriques histoires. Je m'imagine alors tentant de me frayer un chemin parmi les lianes, tout en évitant les baobabs. Au delà de cette jungle humide, suffocante et pénible, je m'imagine un autre paysage. J'avance en écartant les lianes, en coupant

les branches et en arrachant les feuilles gigantesques de cette forêt tropicale.
Il m'est arrivé de m'y croire. Une fois, j'y étais tellement, que j'ai tenté d'arracher ce qui n'était en fait que des poils pubiens. Un cri de douleur me rappela d'un coup à la réalité. Un gifle magistrale m'y assigna. Et, la poignée de poils que j'avais arrachée du pauvre pubis meurtri m'incarcéra dans l'horreur bel et bien réelle du poil : les sexes en sont pourvus!

Heureusement pour moi comme pour mes partenaires s'avérant poilues, cette mésaventure n'est arrivée qu'une seule fois. Ce qui est bien plus fréquent, ce sont les remarques dues à mes contre-performances. Lorsque j'en découvre, ma déception s'accompagne d'une débandade immédiate, d'un changement de couleur et d'une succession de crispations qui doivent laisser croire que je ne suis plus du tout, mais alors plus du tout du tout détendu.
Dans la plupart des situations, mes partenaires s'intéressent principalement à ma queue, et non à mes crispations... Ils ne constatent qu'un ramollissement éclair des forces vives de la passion. Le reste, ils l'ignorent. La beauté de l'âme, le charme du regard et les démonstrations intellectuelles n'appartiennent qu'aux étapes 3 et 4, rappelons-le. A l'étape 5, les dames veulent quelque chose de consistant et d'efficace et c'est précisément ceci qu'elles voient s'effondrer entre leurs doigts ou dans leur bouche. Je ne peux que prétexter une inactivité sexuelle trop longue, ou encore la traditionnelle migraine.
Un grave problème de timing s'impose pourtant à chaque fois. Trop secoué par la tragédie qu'est la découverte du poil là où j'espérais qu'il n'y en ait pas, j'ai rarement le temps de parler de mon « inactivité » ou de ma « migraine ». L'orgueil de mes partenaires étant touché au vif, elles dégainent très rapidement :
« Tu n'aimes pas [ce que je te fais]? », « ça ne va pas? » ou encore : « Je ne te plais pas? ».

Le pire des pires, c'est : « Je suis désolée si je fais ça mal... »
Très souvent, le poil est accompagné d'une maladive tendance à la dévalorisation, et là, plus question de niquer! Nous entamons plutôt une thérapie où le thérapeute a bien souvent la bite dans le poing de son patient. Au vu de la délicatesse de l'organe en question, le thérapeute a

franchement intérêt à faire gaffe à ce qu'il dit. L'ambiance n'étant plus du tout à la détente, l'enjeu devient donc celui de récupérer mon matériel pour le ranger bien à l'abri, tout en prenant les attitudes de Freud.

Mes relations sexuelles avec des femmes fournies s'arrêtent bien souvent à l'étape 5. L'étape 5 est donc une véritable tragédie.
Parfois, nous consommons l'étape 6 à force de volonté et de piles alcalines dans le cul. C'est en général pathétique et minable, mais j'y survis moyennant un traumatisme allant en s'aggravant à chaque nouvelle foufoune laissée en jachère.
Avec quelques exercices de respiration, une imagination débordante et une croupe ferme et douce, mon être sensible et mon intelligence, peuvent établir quelques compromis qui assurent un service minimum à l'usagère.

Traumatismes des étapes 6 et 7. Ou : De la dictature du poil.

Je me suis résigné à l'évidence : la plupart de mes contemporains sont à la dernière mode. Mode du néolithique où le poil déborde, pendouille, dégueule, se hérisse, reste entre les dents, s'agglomère dans les voies respiratoires ou reste collé au gland.
L'épilé est un clandestin qui fait rougir lorsqu'on le découvre. Nos coquetteries dépilatoires séduisent jusqu'aux plus yétis des yétis.
Aux fréquentes remarques verbales ou gestuelles sur ma pilosité, je réplique : « ça te dérange ou tu aimes? ». Les plus honnêtes concèdent que c'est agréable, que ça change (et ceux-là, je les crois si ils me disent préférer avoir des poils). Les plus frustrés, les plus menteurs et les plus hypocrites m'affirment maladroitement que ça leur est égal.
Sachez que quelqu'un, rouge comme une pivoine et revenant sans cesse sur votre pilosité (ou plutôt, sur son absence) – sachez que ce quelqu'un n'est pas crédible!
A ceci s'ajoute un phénomène d'objectivisation sexuelle effarante : mes partenaires poilues prétendant se contrefoutre de l'aspect de mon appareil génital, en viennent très vite à ne plus vouloir que me sucer. Le reste du temps, elles le passent la main dans mon caleçon.
Il y a comme une fascination idolâtre de cette partie de moi qui devient pour elles tout mon moi.
Mon expérience n'a jamais fait que confirmer cela.

En dehors du fait que c'est assez vite lassant et encombrant d'avoir toujours la bite agrippée par quelqu'un (essayez donc de cuisiner avec quelqu'un qui a toujours sa main dans votre culotte!), c'est extrêmement limitant dans la relation (que j'envisage aussi comme affective, intellectuelle...).
Sexuellement, c'est l'horreur. Faute d'interaction, le corps fini par être las d'être sollicité, et il banalise tant et tant le culte qu'on lui voue qu'il n'y réagit même plus.
Le comble de l'horreur c'est le peu de pratiques et de positions que laisse possible cette constante sollicitation tactile, visuelle et buccale. Je vous le donne donc en mille : le 69 devient la figure érotologique dominante.
Ma partenaire qui prétend être indifférente à l'aspect de mon sexe, mais ne le quitte ni des yeux ni de la bouche ni des mains, a alors le chic pour me coller sur la gueule une touffe fournie. C'est absolument horrible.

Dans de telles conditions, un cunnilingus ne peut être que brouillon : on ne voit pas ce que l'on fait, on est sans cesse en train de trier les poils des muqueuses, les poils des grandes lèvres, les poils de la hampe clitoridienne ; en somme, on ne fait pas un cunnilingus : on trie des poils.
Ce cunnilingus laborieux n'est pas sans dommages, car on bouffe des poils jusqu'à la suffocation.
Pendant ce temps, l'usagère s'éclate : sucer une telle bite l'excite considérablement, bien qu'officiellement cette dernière l'indiffère. En agrémentant cette adoration d'une masturbation de sa chatte sur ma tronche, elle y trouve donc une satisfaction qu'elle consomme comme l'on consomme n'importe quelle marchandise ou prestation de service.
Si on ajoute à mon dégoût du poil, mes efforts et le mépris pour ma personne (de la tête aux pieds, hormis la bite!), il me semble donc évident, normal et même logique, qu'assez rapidement je ne fonctionne plus.

J'avoue ressentir un grand soulagement quand au bout de dix jours (dont six jours dramatiques de dysfonctionnement), mes amantes *naturellement* poilues et *normalement* constituées me disent : « Tu comprends... je suis une femme et j'ai des besoins... ». Cette phrase sonne le glas de mon calvaire.

*

Le poil sert à protéger l'organe des poussières et autres particules qui pouvaient blesser ou endommager le matériel. Ceci avait un sens lorsque nous courrions à poil dans les bois avec un prédateur au cul qui voulait faire de nous son déjeuner. Depuis quelques milliers d'années on ne court plus à poil dans les bois avec un prédateur sur nos talons. Pourtant le poil demeure et conserve les mêmes attributs. Mettons tout de même un bémol à cette vertu du poil, car dorénavant, le poil ne sert plus exactement à empêcher le contact abrasif d'un corps étranger avec nos muqueuses, mais il retient tous les aliens de la vie civilisée : les morpions, les peluches de coton de la culotte ou des draps, les fils de la culotte Tati, les glaires vaginales ou de sperme, la merde...
En bref, les toisons sont les sites archéologiques d'une journée, d'une semaine ou d'un mois (selon la fréquence des douches ou des passages sur le bidet).
A force de surprise, il y a certaines choses que je ne peux plus faire. L'anulinctus m'est devenu impossible avec une femme poilue. La surprise fécale durcie en petites boules bien accrochées au poil m'a définitivement dissuadé de toute forme de sexualité anale avec les yétis femelles.

On me dira de prendre mes distances avec le poil et de ne remplir que ma fonction de sex-toy en ne me servant que de ma verge. C'est gentil, c'est aimable, mais c'est n'importe quoi. Le poil est rêche, ça m'irrite le gland. Quand je prends une femme yéti, je ne sens pas la douceur et la chaleur des profondeurs de son ventre. Je ne sens que le poil. Poil qui frotte, qui égratigne mon gland. Poil qui reste collé au bout de ma queue et qui me démange pendant des heures après avoir niqué.
Je préfère donc bouffer de la salade et remplir mon estomac de poils, plutôt que de me servir d'une bite qui, de toute façon, aura de grandes difficultés à avoir une demi-érection.

En bouffant du poil, mon dégoût est certain, mais quand c'est fini, c'est bel et bien fini ! En bouffant de la barbe, il n'y a pas de poil qui vous démange le bout jusqu'au lendemain au moins.
Il n'y a tout au plus que quelques poils qui vous restent coincés entre les dents.

Même si cette dernière décennie a banalisé l'épilation, il faut toutefois

souligner que, personnellement, je suis confronté au poil au moins deux fois sur trois. Ceci semble d'ailleurs être une spécialité française. A l'étranger, les françaises ont la réputation d'être hirsutes.
En France, la banalisation de l'épilation n'intervient jamais qu'au sein des couples et rarement parmi les célibataires. Les célibataires mâles ont l'angoisse d'être taxés de pédés, quand aux célibataires femelles elles ont l'angoisse d'être taxées de salopes. L'épilation n'est donc banalisée que dans l'imaginaire. L'imaginaire est la cellule où la dictature du poil a incarcéré l'épilation. Un adulte « normal » a des poils aux couilles ou sur la moule. Un point c'est tout !

L'étape 6 (niquer) est donc particulièrement traumatisante pour moi. Je ne sais si c'est la seule appréhension du poil ou, parce que je vieillis, mais j'en arrive à faire de l'ascétisme ma seule planche de salut. Lorsqu'une femme me plaît, je me pause instinctivement la question : « et si elle a des poils? » - si je suis franchement amoureux, je fonce malgré tout, car le poil est un problème qui devient secondaire : je veux sa bouche, son cou, sa nuque. Si, comme c'est le cas dans l'écrasante majorité des cas, ce n'est qu'un intérêt diffus demandant à être précisé, validé ou invalidé, ça me coupe d'un seul coup toute envie. A force de bouffer du poil, le poil m'a dissuadé des humains.

Les talibans du poil ont beau jeu d'accuser les épilés de perversion, de pornocratie ou d'être des obsédés sexuels. Les épilés (et j'en connais un certain nombre) finissent tous par céder du terrain au poil qui fait d'eux des objets sexuels pour pornocrates et pervers poilus.
Soit ils s'abandonnent au poil dans l'espoir de ne plus appréhender une rencontre arrivant à l'étape 5 (mains dans les culottes), soit ils font le deuil de cette alchimie qu'est l'amour et l'érotisme.
La dictature du poil ne solutionne rien, ne répond à aucune aspiration humaine. Preuve en est que la plupart des épilés finissent par s'abandonner au poil. Cet abandon les fait rentrer dans une telle détestation de leur propre corps (dorénavant poilu), qu'il leur devient inenvisageable de s'offrir ainsi à autrui – les voilà doublement condamnés à la solitude et au poil.
Face à cette dictature, les épilés persistant dans l'épilation deviennent - si ils n'y prennent pas garde -, des anachorètes ou des onanistes. Ayant vécu

trop de déceptions, ayant bouffé trop de poils, ayant été réduit si souvent à un objet sexuel : l'épilé, dont la force morale est trop faible, fini par crever seul dans son coin. Le poil est discriminatoire, aliénant et totalitaire – c'est un fait, une réalité et une vérité qu'aucune posture prétendument rebelle ne changera lorsque des gens en manque de reconnaissance exhibent les poils de leurs aisselles !

Ce n'est pas dans les actes sexuels et les positions X ou Y que les traumatismes du poil sont les plus ravageurs. L'étape 7, qui est celle de la banalisation de la relation, de son inscription dans le quotidien (celle où l'on dit : « mon mec » ou « ma meuf »), est bien plus traumatisante que l'étape 6 et les horreurs qu'infligent telle ou telle façon de niquer.

Quelqu'un comme moi ne demandera jamais à sa nana de s'épiler. Il évitera même le sujet. Certes, je cultive l'espoir, qu'un jour, ma régulière hier poilue ne le soit plus ; mais je garde cette espérance pour moi.

Derrière les grandes phrases sur la *nature*, la beauté intérieure et toutes ces conneries, se cache une autre réalité : l'épilé ne peut être qu'un objet sexuel pour le poilu. Le poilu aime les corps épilés, c'est son délice, son désir et son fantasme. A aucun instant, quelqu'un d'épilé est un être humain : il demeure objet.

Pire, sa condition d'objet est justifiée par la Charia des talibans du poil. L'épilation génitale est considérée par eux et leurs frustrations comme étant le résumé, la synthèse et la symbolique de la sexualité débridée. Il en résulte que l'épilé incarne toutes leurs frustrations sexuelles. Dès lors, il ne peut pas être autre chose que cet objet sexuel fantasmatique sur lequel on se défoule enfin.

Au quotidien, cela se traduit par une sollicitation exclusivement sexuelle dont l'affiche sociale du couple n'est qu'un alibi : « C'est ma chose, ma chatte épilée, ma bite dénudée ». Toutes les attentes intellectuelles, affectives ou d'avenir, sont donc atrophiées. Et je dis « atrophiées » pour éviter d'être trop catégorique en disant : anéanties.

L'étape 7 qu'est la régularité relationnelle et la reconnaissance sociale de l'appartenance mutuelle dissimule la plus barbare des tortures, la plus immonde des horreurs, le plus grave des traumatismes : l'acceptation de ne pas être aimé et de se soumettre totalement à la perversion et aux frustrations des personnes dotées de poils.

L'étape 7 est celle du traumatisme le plus immoral que peut infliger une fraction de l'humanité à une autre fraction : la banalisation et la résignation à sa propre déshumanisation.

Le complexe du hérisson.

Je vous avais prévenus! Il ne fallait pas vous raser lorsque vous étiez ados! Et si vous êtes un adulte victime de votre première repousse, c'est que vous êtes encore plus taré que les ados...
Lectrice, lecteur, ne fais pas l'innocent! Comme la plupart des gens, tu as parfaitement compris et tu as même vécu les contre-effets du rasoir dont j'ai exposés quelques méfaits dans mon « Avertissement » aux petits cons (voir plus haut).
Pour les merdeux et les merdeuses, trêve de remontrances : c'est peine perdu. Par contre, pour vous, les adultes, ce n'est que le début et ça va chier!!!

Raseurs, raseuses, vous êtes des pleurnichards! Vous usez du rasoir ou de la crème dépilatoire, car vous êtes anxieux de la douleur de l'arrachage. Vous voulez le beurre et l'argent du beurre, la fin du poil sans douleur, l'esthétisme imberbe sans sa sensualité. Vous n'avez rien compris à l'art de la guerre du poil.
L'art de la guerre du poil veut cette douleur de l'arrachage à laquelle suit l'incendie et la douceur. C'est l'un de ses incontournables fondamentaux. La guerre du poil est une pratique érotique qui est masochiste : qui trouve plaisir à souffrir un tant soit peu. Cette souffrance anticipe sur le résultat et le résultat désiré mue la souffrance stupide en une souffrance artistiquement délicieuse.
Qui dément ceci enferme la pratique dépilatoire dans le pur esthétisme pornocrate, et ceci est trop pauvre en soit.
Il ne s'agit pas que de montrer ou de voir, mais aussi de vivre avec : niquer, faire ses courses, courir, travailler...
L'épilation est un rituel grave et essentiel. Ce n'est pas une lubie de déjanté sexuel qui ne voit dans l'épilation génitale que l'esthétique absence du poil. L'épilation est essentiellement une pratique qui affirme notre désir d'avoir un corps plutôt imberbe que poilu. Ce n'est pas une quête esthétique *contre* mais une démarche existentielle *pour*.
D'où l'importance de cette douleur à l'arrachage, car avec les méthodes indolores, nous ne nous préoccupons que d'une partie du corps que nous ne

voulons plus poilue. A l'inverse, en arrachant, nous redéfinissons une partie du corps tout en sollicitant l'ensemble du corps qui s'en retrouve stimulé et conscient de sa totalité grâce à la douleur.

Rasoirs et crèmes dépilatoires ne satisfont le sujet qu'esthétiquement et pour un temps limité. Temps limité qui diminue et fini par disparaître à force de raser ou de brûler des poils. Poils qui ne font que se renforcer.
Dès lors, l'argument esthétique de l'épilation indolore est une escroquerie. En guise de sexe, vous aurez bientôt un véritable hérisson aux pointes acérées. Non contents de vous meurtrir vous-mêmes, vous meurtrirez les autres en niquant avec.
Ce ne sera plus un lieu corporel attirant, ravissant et réconfortant, mais un camp de travail délimité par des barbelés. La tranchée de ces dames sera imprenable, le mirador de ces messieurs sera inattaquable.
En marchant, vous vous brûlerez et vos chairs seront rouge écarlate pour les européens et noircies pour les colorés. De considérables boutons pointeront une tête blanche ou jaune. Pustules que vous ne manquerez pas de vouloir faire sauter en les comprimant entre le majeur et l'index. La grosseur de l'immonde pore encombré de sébum ne fera que continuer à grossir. En conséquence, non contents d'être impraticables, vous serez défigurés.

Si vous échappez à ce chaos de la repousse, vous n'échapperez pas à l'inévitable sens du poil. Même rasé de près, votre sexe ne peut être caressé que dans un sens : le sens du poil. Si vous caressez votre peau à rebrousse poil, même immédiatement après la coupe, vous constaterez le même effet hérisson. Il est amoindri, je vous le concède, mais comprenez qu'avec un va et vient ou un gamahuchage prononcé, il n'y a pas de sens unique. Le coït fait que l'on se frotte au sexe de l'autre dans une multitude de sens contraires, dès lors, on s'irrite et on irrite l'autre.
Certains font l'apologie de la crème dépilatoire. Cette crème brûle le poil jusque sous la peau et permet d'avoir une peau à peu près similaire à celle ayant subi une cire chaude pendant 48 à 72h.
Toutefois, ce produit chimique brûle les muqueuses, fait partir en lambeaux la peau des testicules et provoque des irritations atroces des petites lèvres. La durée d'application sur le poil pubien demandant une durée d'application plus longue que sur celui des aisselles, la peau trop fine

de cet endroit s'en retrouve nécessairement attaquée. J'ai malheureusement pu constater les effets de cette lèpre sur différents sujets d'étude...

Un sexe rasé (au rasoir ou à la crème) est pire qu'un sexe poilu. C'est une demi-mesure de jeune fille douillette cherchant un mari par une méthode tout autant putassière que limitée dans le temps.
Il n'y a qu'une pratique saine, et c'est bel et bien l'épilation à la cire chaude. Cette dernière contraint à s'épiler ou à ne pas s'épiler pour soi seul. L'épilation à la cire chaude ne sera jamais une mode ou un conformisme, car la douleur qu'elle implique contraint à mesurer et à dialoguer avec son corps, son imaginaire et ses désirs pour savoir ce que nous voulons réellement pour nous-mêmes – ce que nous voulons offrir à autrui.
Ce qu'impose l'idée de l'épilation à chacun et à chacune, c'est d'être bien parce que nous apprécions nos poils (et dans ce cas, on entretient ses poils) ou parce que nous apprécions de ne pas en avoir (et là, nous les arrachons). Ces deux positions ont mon respect et suscitent toutes les deux mon désir (bien que ma préférence va à l'épilée plutôt qu'à la toisonée).
Ce que je dénonce ici et depuis le début de ce traité, c'est le mépris que certains individus prétendent avoir pour leur pilosité, car ce n'est que négligence paresseuse et nihiliste !
Ce que je dénonce, ce que je mets en accusation c'est cette négligence et les rhétoriques tantôt « naturelles » tantôt « rebelles ».
Ce qu'il s'agit de dénoncer ici, c'est cette négligence immonde et touffue pour les uns. C'est cette négligence esthético-pornocrate du hérisson pour les autres.
Dans l'un ou l'autre cas, je n'y vois jamais qu'un refus à s'emparer de son propre corps pour le cultiver, pour l'aimer et pour l'offrir à quelqu'un que nous aimons et désirons.
Dans l'un et l'autre cas, ce n'est que négligence de notre humanité par la paresse envers le poil.

III
Condamnation du poil.

« En ce jour-là, le Seigneur rasera, - avec un rasoir pris à louage - Au delà du fleuve, Avec le roi d'Assyrie, - La tête et le poil des pieds ; - Il enlèvera aussi la barbe. »

Le Livre d'Isaïe – La Bible.

« Touche pas à mes poils » : les réactionnaires du poil.

Les Eglises Chrétiennes se sont construites sur le mépris du corps, sa haine, sa mutilation. En un mot : sa mortification. Nous avons affaire à un cannibalisme christique : le Christo-paganisme occidental a rendu héroïque ce mépris et cette haine. Siegfried s'est accouplé à Jésus et l'a dévoré.

Le christo-paganisme a sanctifié le mépris du corps. Il a rendu Saint l'amour de sa crasse. Il a engagé toute une civilisation dans le culte de la négligence physique et esthétique.

Nous ne pouvons compter le nombre de « martyrs » de la foi catholique occidentale tant il y en a! Celui-ci se roulant dans les draps des lépreux, cet autre bouilli vivant, cette dernière violée et démembrée... une véritable apologie de la barbarie où la cohorte de ceux qui refusent de se laver alterne avec celle de ceux qui accusent le corps de tous les maux.

Le corps est une prison, un calvaire et le prix du péché originel (mais d'où sortent-ils ça!?!). Le corps éphémère qui demande soins et conservation, c'est toute la tentation diabolique qu'il s'agit de reléguer, sans cesse, dans les cachots de son honteuse animalité.

Les clergés ont une lecture tortueuse et perverse des Révélations qui leur furent accordées. L'occident chrétien, dans sa guerre contre le corps, renie la bonne bouffe de Jésus et des Apôtres, les bains de Jean-Baptiste et la beauté captivante de Marie-Madeleine.

D'ailleurs, *cette adepte des gang bang avec les douze apôtres, s'épilait-elle la chatte ?*

Toutes les croisades de l'occident chrétien sont inversées, renversées, à l'envers : perverses.

Que leurs croisades soient pour reconquérir Jérusalem ou conquérir des peuples à ses Sacro-Saints droits de l'Homme, l'occident use de ce terrible

adage : « A peuple barbare, méthodes barbares ».
Les curés ont beau avoir été repoussés des affaires politiques et économiques, les athées et autres laïcs occidentaux restent du même acabit : l'Universalisme de la Sainte-Inquisition n'a rien à envier à l'Universalisme Républicain de la Sainte-Patrie des droits de l'Homme (comprenez, la France et sa République).
Ceux-là n'argumentent plus leurs injonctions à propos du vêtement ou de la coquetterie par « dieu ». Ceux-là invoquent « les droits de l'homme », la « république », la « patrie » ou la « nature ».
Qui a un poil d'intelligence n'est pas dupe de ce pathétique changement d'AOC. Athée ou religieux, le système de pensée occidental n'a qu'une application, qu'une motivation : permettre à n'importe quel porc de se prendre pour Einstein à grands coups de revolver.

C'est dans ce contexte que le non-dialogue dépilatoire entre eux et nous subsiste.
Les épilés disent : « Vous négligez votre corps comme les porcs le font ».
Ce à quoi les pro-poils répondent de façon très alambiquée : « C'est vous qui êtes des porcs en vous épilant, car vos motivations sont bestiales et honteuses ».

J'enrichis donc la première question :
Marie-Madeleine, ainsi que Marie ou Marianne et son sein à l'air dans les barbouillages de Delacroix, se rasaient-elles la chatte ???

*

Le salvateur soulèvement des mœurs qu'a entamé l'occident à l'issue de la première guerre mondiale* a sérieusement remis en question le patriarcat. Ce soulèvement énuméra une succession de problématiques qui se répandirent dans le monde comme une traînée de poudre : équité entre les genres et différence des genres ; contrôle des naissances et choix de l'enfantement ; appropriation, privatisation et collectivisation du corps ; choix de sa sexualité et de ses partenaires ; place et usage du corps féminin

* Les femmes remplaçant les hommes dans les usines, elles découvrent une indépendance financière, mais aussi le profit qu'il y a à ne plus avoir de mâle référant dans le quotidien. Chose moins connue que l'indépendance financière envers le mari, le cocufiage et la naissance d'une revendication à avoir des orgasmes voit le jour au début du XXe siècle.

et masculin dans nos sociétés...
Un énorme travail d'introspection, d'échanges culturels et de déconstruction collective est en cours de réalisation depuis bientôt un siècle. Aujourd'hui, cette déconstruction semble s'être arrêtée. Elle se heurte à la pornocratie (libéralisation, capitalisation et marchandisation affective et érotique).
En Europe, les mini-jupes fleurirent sur les barricades des années 1960-70, tandis que les pédés cessèrent de se planquer et s'affichèrent et se défendirent physiquement.
Vinrent les années 1980. On y divorça à tour de bras et ces dames firent des « bébés toutes seules » (et mon oeil!). Les hommes libres devinrent des géniteurs tirant leur révérence après avoir tiré leur coup. Les femmes libres devinrent des matrices solitaires ouvrant les cuisses au premier taré venu pour avoir des chiards en solo comme c'était le cas pour leurs copines. Elles engueulaient copieusement les tarés (les géniteurs), car un ramonage ou une petite graine, passe encore, mais de là à ce qu'il s'installe dans le séjour pour regarder télé-foot en mendiant une pipe : hors de question!
J'appartiens à cette génération dont les papas et les mamans ne sont pas une communauté de vie, mais deux forces contradictoires se tolérant à peine et s'excluant mutuellement.
Ici commence l'aire de la pornocratie où prédominent les seules raisons objectives et libérales (investissement et rendement d'individus s'entre-exploitant jusqu'au clash ou jusqu'à la mort).
La génération précédente a vu dans la pornocratie la réalisation de tous ses espoirs de génération gâtée et dorénavant gâteuse : liberté sexuelle des individus allant jusqu'à la banalisation de la pédophilie en passant par l'illusoire souveraineté « naturelle » de l'individu sur sa propre vie.
Leurs alibis intellectuels et moraux reposèrent sur une perversion du marxisme qui prône « la socialisation des femmes et des enfants » (K. Marx). Ici encore, l'occident infligea à Marx les mêmes tortures qu'il avait infligées à Jésus et à Marianne.

D'ailleurs, j'y reviens... :
Marie-Madeleine, Marie, Marianne, les émeutières de 68 en mini-jupes, Jenny Marx et Karl Marx se rasaient-ils les parties ??????

*

De leurs prétentions et aspirations égoïstes dissimulées par des arguments idéologiques détournés de leurs sens premiers, il ne reste rien qu'un vaste chaos. L'isolement et la masturbation prédominent pour le plus grand bénéfice des pornocrates que sont les sites internet de rencontres, les organisateurs de speed-dating, la pornographie ou les boîtes à cul. Le patriarcat comme système d'exploitation cohérent grâce à une domination d'un genre sur l'autre, est dorénavant supplanté par une pornocratie où tout rapport s'apparente à la pornographie. Libéralisme aidant, ce n'est plus le genre qui détermine qui domine, mais la situation économique d'un individu sur un autre.
Nos conditions sexuelles soumises aux pornocrates reflètent avant tout le chaos dont nous avons hérité - ainsi que les limites que les générations précédentes n'ont su comprendre et transcender. Limites qui se résument au refus de traiter l'exploitation comme étant le générateur de toute forme de domination. En enfermant cette notion de domination dans le seul jugement moral, nous en court-circuitons toutes les réalités pratiques et circonstancielles de l'exploitation.
En séparant l'exploitation de la domination, toutes les possibilités à déconstruire deviennent impossibles : nous végétons dans les idées anarcho-merdiques et nous évitons toute confrontation avec la civilisation de l'exploitation.

L'absurdité libérale nous a engagé à vouloir, chacun-e, soumettre autrui à nos envies et affections. Soumettre l'autre étant le seul moyen de modeler l'autre à l'image que nous nous sommes forgés de lui pour nous-mêmes ; pour nous le rendre comestible, consommable et en un mot : exploitable.

L'amour se résume, dans 98% des cas, à un désir d'exploiter cet autre, car autrui se résume à un potentiel exploitable. Cet autre nous étant livré à l'état brut (comme c'est le cas pour la matière première dans l'industrie), nous l'exploitons en le modifiant pour le faire correspondre à notre désir. L'énergie déployée en vue de transformer l'autre s'apparente à un investissement. La réussite de cet investissement s'appelle retour sur investissement ou mariage. A l'inverse, nous pouvons être victimes de mauvais placement, ce qui ne peut que nous conduire à la banqueroute ou au drame conjugal !

Bien entendu, ceci est inassumable pour la plupart d'entre nous. Nous nous figurons donc un quotidien idéaliste et normé ; nostalgique de ce que nous nous représentons être la vie conjugale de nos grands-parents (ce qui est toute la limite idéaliste et collective actuelle de notre civilisation).
Que Papi allait aux putes, violait mamie tous les dimanches soir et que cette dernière devait pondre des chiards à la chaîne tout en tenant la maison propre est, comme qui dirait, occulté de cet idéal matrimonial...
Le fait est que la pratique et l'expression du désir et de l'amour sont essentiellement constituées de la volonté d'exploiter autrui comme d'exploiter un idéal avec lequel nous nous dissimulons l'exploitation mutualisée et objective qu'est la bipolarisation de l'existence – qu'est : ***le couple***.
L'idéalisme conjugal contemporain trouve son plus grand bénéfice dans les dividendes de la bonne conscience et de la reconnaissance sociale de l'entité qu'est le couple qui se singe pour la galerie.
Ces singeries dissimulent l'inaptitude généralisée à l'amour à laquelle est dorénavant soumise notre espèce. Qu'on le veuille ou non, le capitalisme a fait de « l'amour » un secteur économique. Secteur où le seul logiciel capitaliste de l'exploitation demeure audible pour chacun d'entre nous. Pire : le savoir ne change strictement rien à l'affaire...

Le libéralisme a considérablement excité la prétention à être un individu libre et souverain, sans entraves, et qui peut se passer de tout le monde (ce qui est la limite idéaliste de l'individu où notre civilisation nous isole les uns des autres en érigeant le consommation méprisante d'autrui en une sorte d'émancipation libertarienne).
Seuls, nous voilà condamnés à la schizophrénie masturbatoire où nous sommes le dominant et le dominé. Réfugiés dans l'onanisme, beaucoup croit y trouver un équilibre. Il n'en est rien : ils s'épuisent et s'abrutissent. Leur existence se morcelle et ils rentrent dans un rapport d'idolâtrie et de détestation avec eux-mêmes. Pour eux, la seule issue à leur solitude, c'est le suicide.
En couple, nous voilà voués à l'insoluble affrontement. Qui des deux sera libre et souverain? - Aucun des deux, car même si l'un des deux finit par se soumettre, celui ou celle qui dominera ne sera pas libre et souverain, mais en devoir envers son esclave pour que son esclave lui soit obéissant. Tout l'enjeu du millénaire qui s'ouvre devant nous est de balayer ce type de

relation en ruinant la pornocratie conjugale comme libertarienne. Pour cela, il nous faut aussi réduire en ruine toute la civilisation qui a engendré les calvaires conjugaux.

Devant la tâche à accomplir, nous pouvons remercier papa et maman. Grâce à eux, on risque de ne pas s'ennuyer pour les quelques années à venir!

D'ailleurs... :
Papi et Mamie, Marie-Madeleine et Marie, Marianne et la famille Marx, ainsi que Papa et Maman, ont-ils déjà fait table rase de leurs pilosités pubiennes ???????

*

Les deux dernières décennies du XXe siècle ont vu les privilèges des deux genres commencer à s'effriter. Les femmes portent des pantalons, les vieilles baisent les petits jeunes (mouvement cougar) et les femmes peuvent être aussi cons que les hommes en devenant militaires, flics, politiciennes ou traders. Les hommes investissent le champ de la paternité et s'extasient bêtement devant leur progéniture. Ils savent dorénavant que les femmes ont des orgasmes et qu'il faut être un super bon coup. Enfin, ils se permettent même d'être aussi végétato-narcissiques que les femmes en s'investissant dans les activités familiales et ses misérables ateliers créatifs et vacanciers, tandis que leur compagne « s'émancipe » en les cocufiant à la chaîne. De nos jours, une « femme libre » se voit contrainte d'avoir un amant ! Qu'elle en veuille un ou non n'est pas un critère décisif : les copines exigent d'elle l'adultère pour valider la réalité de son couple.

Lors de la dernière décennie du XXe siècle et la première décennie du XXIe siècle, un mouvement dépilatoire masculin s'est mis en tête de rattraper le mouvement dépilatoire féminin des années 1950-80. De nos jours, le mouvement dépilatoire n'est plus le privilège d'un genre. Seules certaines féministes hirsutes sont encore persuadées que l'arrachage du poil est une exigence des mâles faite aux femelles. Si elles baisaient plus souvent, elles pourraient constater de leurs yeux ébahis que l'épilation est une coquetterie de plus en plus partagée par les deux sexes. Ces dernières ont autant de merde dans la tête que dans les yeux ! Se sont des connasses ! Des connasses hirsutes !!!

Ces féministes poilues dont la réussite la plus tragique est la condamnation au célibat de leurs propres filles, jouent même contre le plaisir d'avoir un amant lisse et doux. A force de hurler que le poil est un droit, est naturel, qu'il est le symbole de l'émancipation féminine, les hommes qui pourraient avoir envie de s'épiler ne l'osent pas. Tant pis pour elles! ...et pour eux.
Ce sont des tyrans, comme nos mères MLF l'étaient. Embusquées derrière la porte de nos chambres pour compter le nombre d'orgasmes de nos adolescentes relations ! Nos mères nous remontaient les bretelles si le rendement orgasmique n'était pas à leur goût!
La dynamique traumatique qu'a subie ma génération d'hommes est telle, que nous sommes en droit de nous questionner avec Alain Soral et Dieudonné sur un éventuel complot sioniste-psychiatrie-mômans.
Mais restons rationnels et laissons ces « intellectuels » et « humoristes » de science-fiction-sioniste dans la cyber-fange néo-pétainiste où ils prolifèrent.
Toutes les mères ne sont pas juives, même si toutes les mères alimentent les cabinets d'analystes... ce qui en fait des « mères juives » ... mais là, je m'égare encore... Revenons-en aux connasses juives et non-juives : les féministes hirsutes !

Merde! Et re-merde! Y-en a marre d'être ce violeur potentiel, cet hypothétique usager de prostituées, ce misérable abandon de famille, cet irresponsable d'obsédé sexuel! Survivre à nos mères MLF fut déjà un véritable défi et il faudrait se taper le poil de leur descendance pour expurger les fautes de nos pères?!? - Et bien non!
Nous avons le droit, nous aussi, d'avoir des aspirations et des goûts. Et celui de l'épilation pouvant être le mieux partagé et le plus chargé symboliquement, j'en fais donc une priorité.
Non mesdames, vous n'aurez pas le privilège de la cire chaude! Nous nous épilerons les couilles comme vous vous épilez la moule!

*

Les féministes yétisantes et les religions chrétiennes, laïques ou athées, ne

sont pas les seuls obstacles qui se présentent sur la voix de l'épilation. Des hommes supportant mal d'avoir été chahutés par les changements de statut et de rapport entre les sexes, font du poil un sujet de crispation. Le poil serait, selon eux, l'étendard d'une virilité que ces salopes de féministes voudraient nous arracher. Cahin caha, le poil est devenu l'emblème du masculinisme.
Vous l'aurez donc compris, après les connasses, nous allons nous occuper des connards – connasses et connards ayant un point commun : le poil !

Au pays des mâles où tout le monde s'appelle « enculé » ou « pédé », s'épiler est un signe de trahison, de pédérastie.
Ce que veut l'homme gangrené de masculinisme, c'est une femme libre lui étant soumise. Techniquement, on appelle ça une pute.
Il pousse le truc jusqu'à exiger d'elle qu'elle soit épilée tandis que lui ne le serait pas. Les poils, c'est lui, c'est *sa* virilité. Le poil de *sa* meuf se doit d'être arraché, car c'est *lui* l'homme, *le* mâle dominant, *le* poilu, *le* couillu.
Le masculinisme fait donc tourner à plein régime le moulin des féministes comme ces dernières font tourner le leur.

Nous qui n'avons rien à faire ni avec les unes ou ni avec les autres, nous sommes pris au piège de leur guerre réciproque. Et au final, nous en devenons même la cible privilégiée, car les unes et les autres se réconcilient ponctuellement pour nous taper dessus.

Toutefois, je leur pose la question :
Et si jamais Marie-Madeleine s'épilait la chatte ? Si jamais Marie, dans les Églises, n'avait pas un poil sous sa toge de marbre ? Si jamais Marianne, drapeau tricolore claquant au vent, s'était consacrée une heure entière à sa toison pubienne avant de chevaucher la barricade ?

Et si les Marx, entre deux déménagements, allaient en couple en institut de beauté ? Si jamais Maman ou Papa forniquaient sans poils ?

Si jamais, est-ce que vos amours ou vos aversions pour les uns ou pour les autres changeraient, selon qu'ils soient épilés ou non ?!?!

*

Un célèbre nain télévisé et radiodiffusé, tout aussi méchant que pathétique, a fait du poil masculin toute sa guerre. Cet antipathique personnage s'est tellement crispé sur la question du poil de couille que ça en est même devenu douteux. J'émets donc une hypothèse à son sujet : Ce Mr Zemmour est-il si peu sûr d'être un homme qu'il lui faut des poils pour se le rappeler ?
Je pense sincèrement que Mr. Zemmour est si peu sûr de ce qu'il croit être son « identité hétérosexuelle » que cette dernière ne semble tenir qu'à un poil.
Une fois, je l'ai vu à la télévision se masturber sur Napoléon.
Il n'en pouvait plus ! C'était presque du priapisme historiciste. Il en foutait partout, c'était dégueulasse.
Je remarquerai juste que cet amour passionné envers Napoléon est on ne peut plus malsain...
- Être attiré par un personnage tout de même responsable d'une rupture de la chaîne du froid lors de la campagne de Russie (ce qui répandit dans toute l'Europe de la viande avariée et pourrie) n'est que de la nécrophilie.

Supposons pourtant que les pendentifs impériaux fussent imberbes :
Mr Zemmour, en l'apprenant, deviendrait-il communiste en espérant trouver une virile pilosité en Lénine ou resterait-il un nécrophile commuant la volonté dépilatoire impériale en un devoir civique universel ?

*

Nos adversaires sont bêtes, méchants, arbitraires, sans arguments ; ils sont limités et limitant. Ce qui n'est pas mon cas. Môa j'argumente, bande de cons ! Môa, j'ai de la culture, bande d'ignares nazis !

Pour tous les Talibans du poil, la « nature » a bon dos. Quiconque n'est pas conforme à leur idée de la « nature », n'est pas très naturel, pas très catholique, pas très normal.
Sachez que les anormaux n'ont pas l'anormalité des talibans du poil. Les anormaux épilés ne convoitent pas la normalité poilue comme les normaux poilus convoitent l'anormalité de l'épilation.
Les Talibans du poil sont des frustrés et des pervers qui pourrissent la vie des épilés et gâchent le plaisir de ceux qui aiment réellement leurs poils

(poilophiles auxquels je manifeste ma plus vive sympathie!).
Ce sont des mystificateurs qui nous opposent des caricatures pédérastiques, pédophiles et pornophiles. Les Talibans n'ont d'autres moyens que de neutraliser leurs ennemis en les identifiant à leurs propres bassesses et frustrations. Cette stratégie de la guerre psychologique talibane est tout aussi valable dans les confins des vallées afghanes que dans les obscures salles d'attentes des instituts de beauté (je dirais même que l'artillerie verbale de certaines mégères poirotant pour se faire faire la moustache en critiquant la présence d'un mâle parmi elles, vaut bien des pièces d'artillerie de 88!).

Cette civilisation est en train de crever et comme toute civilisation agonisante, elle refuse ce qui germe en elle. Dès lors, l'engeance talibane surgit et tente de s'accrocher à des symboles, valeurs et images de ce qui fut à l'origine de cette civilisation. En l'occurrence : le poil.

Là bas l'épopée dépilatoire des Salafs, ici le poil de Conan le Barbare.
A chacun ses vices...

Mais que cache le poil???

« Touche pas à mon poil! » - hurlent-ils. Mais tout le monde se contrefout de *leurs* poils! Même eux s'en foutent... Ce qui ne les empêche pas d'exiger des déviants-épilés qu'ils aiment *leurs* poils.
Le poil est comme n'importe quel dogme : il norme, il contraint, il légifère et il s'érige comme le principe de normalité et de tolérance.
Le poil, c'est la tolérance. La tolérance du poil à tout prix. Tu n'aimes pas les poils? - Tu es intolérant. La tolérance est le moyen de normer en culpabilisant et en enfermant dans la marginalité. La tolérance du poil (comme toutes les tolérances) ne fait qu'ériger l'indifférence envers la présence du poil, en un dangereux idéal.
La dictature du poil voudrait nous contraindre à une indifférence détachée et supérieure envers le poil et tout ce qu'il recouvre.
Et si on ne l'est pas, indifférent? - Et si on a le malheur de préférer ceci plutôt que cela? De préférer coucher soit avec un homme, soit avec une femme? De préférer ce sourire-ci à ce sourire là? D'être séduit par celle-ci plutôt que par celui-là? - Et si on n'est pas autiste et avons nos propres goûts et désirs?

Et bien, si vous n'êtes pas *tolérants*, vous êtes l'ennemi des apôtres du poil qui ne tolèrent pas d'autres sons de cloche que le leur!
Que l'on ne se méprenne pas : la dictature du poil est un projet de civilisation. C'est la standardisation absolue, le contrôle total par la honte et par la culpabilité de ses propres goûts et désirs. Le poil est l'ennemi de l'intelligence, c'est l'esclavage aux standards touffus, c'est la planification quinquennale capillaire (même longueur pour tout le monde!), c'est la fraternité des légumes qui végètent, toujours voués à n'être que ce que Le Grand Jardinier veut. « Et si Le Grand Jardinier t'a voulu poilu, reste poilu comme la tomate reste rouge » nous hurlent les inquisiteurs du poil !

Je ne suis pas une tomate. Et de Grand Jardinier, il n'y en a pas.
Dieu, dans Sa grande et très profonde Miséricorde, fit le jardin et ceux qui y habitent, puis Il dit à Adam qu'il en serait le jardinier, nuance !
Adam, c'est toute l'humanité, mâle et femelle.

Une fois le business terrestre établi, Dieu est parti en week-end et Il nous a donné quelques consignes (cf : La Genèse) en attendant Son retour (cf : L'Apocalypse) : « Démerdez-vous au mieux, soyez sympas entre vous et merci de M'entretenir tout ça d'ici que Je revienne... ». Nous sommes donc en charge de l'entretien du poil comme de tout le reste. Dieu passe quelques coups de téléphone de temps à autre pour voir si tout se passe bien (cf : Prophètes, Messie...). A chaque fois, Messie et Prophètes nous redisent le même truc : « Au vu de ce qu'il en est... Il risque d'être furax en rentrant!!! ».

L'humanité continue pourtant à faire la sourde oreille en occultant nos opérateurs de télé-divinité ou en créant des religions à chaque nouveau message que Le Boss laisse dans les répondeurs prophétiques. L'humanité est un peu con...

*

La détestation, la négligence et le mépris sont les rouages les plus conséquents de la civilisation du poil. Il faut se mépriser soi-même et entre nous. Plus on est méprisable, mieux c'est. S'épiler entre les cuisses est une hérésie monumentale, car c'est prendre soin de soi, vouloir plaire à autrui

comme on se plaît à soi-même.
La civilisation occidentale prône l'indifférence et dénonce la séduction. La pornocratie fut considérée comme « révolutionnaire », car elle a permis la séduction marchande à une époque où la coquetterie était encore soumise au négoce du mariage (commerce bien plus artisanal et lourd de conséquences que l'industrie pornographique et sa consommation jetable du « plan cul » transmuable en « vie conjugale »).

Néanmoins, cette séduction pornocratique ne fut jamais permise qu'en tant que marchandise, car la marchandise est indifféremment marchandise – c'est-à-dire qu'elle s'achète et se vend, tout en générant la convoitise parmi les témoins du négoce qui à leur tour se vendent et s'achètent.
La séduction pornocratique se résume à la pornographie. La pornographie est un produit quelconque avec son capital variable et son capital constant, ses investisseurs et ses travailleurs, son insipide standardisation des goûts et des humeurs. Il n'y a aucune différence entre un film porno et un frigo, entre une pute et un célibataire errant qui cherche son « alter égo » sur les sites de rencontres. Ils sont tout aussi obscènes les uns les autres.
Tout est produit à consommer, c'est-à-dire : à produire, à reproduire, à acheter et à vendre. Celle ou celui qui s'épile gratuitement dans son coin et pour son propre plaisir, devient donc immoral : il vole la civilisation en étant un désir qui ne s'achète ni se vend. Ce dernier est coupable du crime des crimes : il se façonne pour s'offrir.
La moralité, c'est la marchandise achetée ou produite pour être vendue. Ainsi, il est admissible pour la civilisation du poil qu'il y ait des acteurs pornos sans poils au cul, mais il lui est intolérable que l'on s'épile les poils du cul si nous ne sommes pas acteurs de film de porno ou en couple – c'est-à-dire, un produit façonné pour une raison objective : l'exploitation et sa corollaire consommation. Ce qui est en cause ici, c'est le crime de la gratuité.

La pornocratie a permis d'intégrer au système les aspirations fondamentales et humaines pouvant rentrer en contradiction avec le système. En marchandisant tout et n'importe quoi, le système pérennise l'indifférence, le mépris, la honte et la culpabilité. La consommation est une dîme, une zakat, une obole, une expiation. L'achat (qui n'est qu'un rachat) permet une distanciation, une déshumanisation constante, une satisfaction désincarnée : « J'ai le droit, puisque j'ai payé... ».

Derrière le poil, il y a chacun et chacune, dans sa plus parfaite et complexe originalité. C'est cette originalité que l'amoureux aime, c'est cette originalité qui fonde nos goûts et plaisirs, c'est cette originalité qui nous assure que nous sommes sur terre pour vivre ce que chacun, chacune, nous sommes et pouvons être.
C'est précisément cette originalité que la civilisation du poil combat en voulant faire de chaque originalité un produit consommable.
Comme le tchador en Perse, le poil se doit d'être ce qui nous rend indifférent et méconnaissable aux yeux d'autrui et entre nous. Le poil et le tchador sont, l'un et l'autre, ce qui nous rend commercialement admissibles les uns envers les autres : normaux.

Le poil nous occulte. Il nous définit comme produits mâles ou femelles. Mâles et femelles appelés à collaborer pour pérenniser l'espèce de grand singe qu'est l'humanité déshumanisée, poilue et indifférente à elle-même comme au reste.
Le poil n'est pas à nous, il appartient à la civilisation. On reproche à celle-ci ses poils sous ses bras. On reproche à celui-là l'épilation de son torse. A chacun sa pilosité, et mâles et femelles seront bien gardés.
Dès lors, ils ne pourront jamais se trouver si ce n'est en s'achetant les uns et les autres pour se consommer, pour s'exploiter.
Le poil nous dissimule à nous-mêmes. Il est la barbe d'un Ben Laden qui aurait dû penser à ce qu'il y avait derrière ses poils, plutôt qu'à l'idéologie de sa barbe. Sa vie aurait certainement été plus complète et conforme à la Miséricorde divine qu'à l'idée pileuse qu'il s'en faisait à coups de caillasse dans la gueule de jeunes filles un peu trop sûres d'elles-mêmes à son goût.

Le poil se doit d'être arraché, car le poil n'est qu'une idée. Poils et idées sont les excréments de l'existence. Ils souillent la vie, l'empuante et l'empêtre pour la faire suffoquer et la paralyser.
Que cache le poil? - mais toi ; pauvre con!

Mythes de la « Salope » et du « Pédé ».

Prétendre que l'épilation est largement répandue est un mensonge : c'est une rumeur qui ne se vérifie pas. C'est une idée que la pornocratie rend familière pour vendre ses films pornos. Et c'est justement parce que l'épilation est rare et est accaparée par la pornographie, que l'épilation demeure une frustration extrêmement rentable. La pornographie persuade que l'épilation est le privilège de ses salopes, de ses sodomites et de ses chiennes lubriques, tout en laissant supposer que nous puissions l'être nous aussi. Dès lors, l'épilation ne reste qu'une expérience ponctuelle et devient un fantasme doublé d'une identification par trop restreinte et difficilement endossable : être une salope ou un pédé.

Il y a une résignation au poil, une insatisfaction pileuse et une négligence de soi-même qui deviennent une véritable part de marché, car la satisfaction se doit d'être payée (ou du moins, on te promet d'être satisfait contre paiement).

Si tu as le malheur de dire que tu préfères un partenaire épilé à un partenaire poilu, la première moitié du monde te tombe dessus en t'affirmant que tu es un porc ou une truie-lesbienne. Tu deviens un-e libidineux-se qui aimerait que sa meuf soit une actrice de film de cul.

L'autre moitié du monde te tombe dessus si tu parles d'une préférence pour le corps masculin épilé : si tu es une femme, te voilà enfermée dans le rôle de maîtresse domina distribuant des fessées à tour de bras ; si tu es un homme, tes voisins sont déjà au commissariat pour dénoncer le pédophile que tu es supposé être.

Le poil est un sujet grave duquel nous ne pouvons certainement pas discuter librement. C'est en usant des pires violences que la répression pornocratique impose l'obscurantisme pileux.

En occident, la norme pileuse étant d'être fourni, l'épilation des femmes fait d'elles des salopes. Exactement au même titre que la présence du poil sur une chatte orientale, fait de cette femme orientale une salope. La norme du moyen-orient est justement et spécifiquement l'épilation génitale. Cette épilation est d'ailleurs institutionnalisée, tant pour les hommes que pour les femmes, dans les grandes ablutions hebdomadaires que demandent de nombreux rites islamiques.

Le poil est donc un agent discriminatoire, dans un sens ou dans un autre.

Au lieu de poser la question du goût, du choix individuel, de pratiquer ou non les rites de telle ou telle religion, nous voilà aujourd'hui pris entre deux crispations typiquement identitaires. Crispations identitaires qui conduisent l'occident à accuser l'islam de faire des femmes des salopes épilées, et à l'orient d'accuser l'occident de faire des femmes des prostituées hirsutes.

La présence ou l'absence du poil est donc un critère de moralité. Ceci dépasse largement les civilisations arabo-persannes ou christo-paganistes, puisque le poil est une valeur échelon de la moralité dans toutes les civilisations actuelles ou passées.
Sans les conséquences dramatiques subies par les femmes à la pilosité immorale, ceci serait risible... rendez-vous compte de l'énormité de la chose? - la morale sexuelle, soit 90% de toute morale, se résume systématiquement et historiquement à une touffe pubienne de 30 à 40 cm², pesant en général moins de 2g.
La morale religieuse, cet élément qui condamne, assassine, abrutit, limite et blasphème Dieu en négligeant certains de Ses dons jugés immondes, ne pèse en réalité que 2g de poils pubiens!

*

La salope européenne a donc la chatte épilée. C'est l'objet sexuel et fantasmatique dont j'ai déjà parlé auparavant en parlant de mon cas, bien que mon cas soit masculin. Une femme épilée subit les mêmes frustrations affectives et intellectuelles, mais cette frustration est doublée d'une humiliation que véhicule la phallocratie des pornocrates. L'objet sexuel féminin, contrairement à l'objet sexuel masculin, existe a *priori*. C'est un fantasme pornocrate omniprésent, une revendication pornocratique faite aux femmes à travers une multitude de supports.
Pour les hommes, la chosification n'intervient jamais que par transfert de ce fantasme pornocrate lors de l'acte. Dès lors, l'homme devient « salope » lorsqu'il est chosifié, justement parce que sans poils, donc féminisé. La femme, elle, est une salope parce que c'est une femme qui s'épile comme n'importe quelle femme baisable que nous propose l'industrie pornographique.

Il en résulte une condamnation de la femme aimant s'épiler le minou, doublée d'un fantasme pornocratique traversant l'ensemble des genres. Celle qui s'épile devient la salope, la femme déloyale dans la concurrence à la coucherie, la traîtresse qui conduit invariablement toutes les autres

femmes à être ce fantasme qu'aucune ne peut (officiellement) vouloir incarner.
Fantasmes que les féministes-connasses dénoncent avec véhémence. Mais nos féministes-connasses muent la liberté en haine, en délation et en sanction, au prétexte que celle qui ose être le corps qu'elle se désire, n'est qu'une collabo, n'est qu'une « Salope ».
Sans la majorité des femmes soumises à la concurrence de la coucherie (et les prétendues féministes qui ne sont que des connasses qui norment et policent les quelques femmes libres qui font ce qui leur plaisent), il est évident que ni le patriarcat ni la phallocratie, n'auraient un quelconque avenir.
Grâce à la flicaille féministe et à la concurrence dépilatoire à laquelle elles prétendent s'opposer, la Salope et la phallocratie ont un bel avenir devant elles !

*

Le poil, c'est la virilité. La virilité est comprise comme étant le phénomène souverain, dominant et libre. Si les talibans du poil, masculinistes ou féministes, en font un enjeu majeur, c'est pour conquérir ou conserver cette domination qu'incarne la virilité et qu'est le poil. Le poil est tout le virilisme que le masculinisme défend et que le féminisme veut faire sien.
Ainsi, pour les féministes, une femme qui s'épile se soumet à la domination de l'adversaire masculin auquel elle abandonne la virilité, le poil et la domination. C'est une traître, une salope.
Pour les masculinistes, un homme qui s'épile se féminise, refuse son rôle et sa fonction de dominateur envers le cheptel de femelles à qui il faut faire comprendre qui est l'homme à grands coups d'exhibitions pileuses. En conséquence, cet immonde traître épilé est déchu de sa masculinité, il devient moins qu'une femme (et c'est peu dire!) : c'est un pédé, c'est un enculé, c'est un trou du cul... autant d’appellations orificinales qui traduisent très bien ce que le virilisme poilu des uns et des autres compte faire des mâles épilés.

Je connais un grand nombre de pures et vraies salopes extrêmement poilues. Tout comme je connais un bon nombre de pédés littéralement hystériques du fion et qui sont trois à six fois plus poilus que les premières.

A l'inverse, je connais des hétérosexuelles totalement épilées qui sont d'une banalité et d'un ennui sexuel consternants. La réalité confond dans le mensonge les symboles et les fantasmes qu'entretiennent les bavardages dogmatiques des féministes et des masculinistes.

Pourtant, le poil nous contraint à rester dans le champ de bataille de l'imaginaire, du fantasme, de l'abstraction et du symbole. Une civilisation méprisant autant le corps et la vie n'estime pas devoir débattre des réalités concrètes. Elle reste dans les hautes stratosphères que sont les « idées ». Ces « idées » sont les spectres de la vie : elles l'étouffent et lui font jouer un spectacle.
Notre civilisation offre la parole à chacun tout en interdisant de vivre ce dont on parle : chacun est libre de ses opinions, mais nul n'est libre de les pratiquer.
Notre cerveau est l'Alcatraz des temps modernes...

Du complexe de la « Petite fille »

Le poil est le grigri du sexe fort : celui qui croit l'être, celui qui veut l'être. Qui a des poils est « libre » et domine.
Le poil est le symbole de l'appartenance à la fraction de l'humanité qui décide pour elle-même et pour ceux qui n'en ont pas. Le poil aurait donc un pouvoir magique et surnaturel.
Les Talibans du poil font d'ailleurs appel à ce grigri digne de Samson et Dalila où, rappelons-le, la tonte de Samson entraîna la perte de ses forces surhumaine.
Pour nos Talibanes féministes (doublées de connasses!), s'épiler est une pratique à laquelle les hommes contraignent les femmes pour les infantiliser, pour les contenir dans le monde inférieur des mineurs. Mineurs qui sont tributaires des adultes poilus, des mâles.

Qu'une femme se sente « petite fille » en s'épilant la motte est parfaitement compréhensible. L'absence du poil pubien peut provoquer ce malaise et dans ce cas, il est clair qu'il faut qu'elle déconstruise son désir dépilatoire avec un psychiatre.
L'enjeu de l'épilation n'étant ni d'humilier ni de morceler l'esprit, mais d'avoir le corps que l'on désire avoir pour soi-même, il est nullement envisageable de créer ou de défendre une pratique pileuse contre une autre.

Toutefois, je maintiens et j'affirme qu'investir une si petite chose (le poil) d'autant de pouvoir, c'est littéralement n'importe quoi!

L'homme qui s'épile ne se sent pas « petit garçon » en s'épilant, pour la bonne et simple raison qu'il appartient au genre théoriquement dominant.
L'homme n'est pas à l'affût de tout ce qui peut établir ou aggraver sa domination par l'autre genre, comme c'est le cas pour les femmes. Dès lors, il faut bien comprendre que le poil n'est pas ce qui fait la femme : il n'est que le symbole féministe de l'affranchissement du père.
Et comme tous les symboles, plus il incarne une signification, plus ce que signifie ledit symbole traduit une grande précarité envers les vertus et les méfaits dont le grigri nous défend.
Si le poil est ce symbole disproportionné de l'affranchissement de la féministe envers son père, il est donc évident que la féministe n'a jamais réellement réglé ses questions d'avec son père, puisque elle préfère débattre avec sa touffe muette qu'avec un individu causant et doué d'oreilles.
Je l'affirme crânement : le poil n'est pas un symbole traumatique ou émancipateur pouvant convaincre qui le porte ou se l'arrache d'être une grande personne. Le poil n'est que le poil et une tarée n'est qu'une tarée.

Être leur papa...
Voilà ce qu'un certain nombre de femmes attendent de leurs amants. Certaines s'épilent pour être cette petite fille qui fait de son amant son papa quand les féministes sont ostensiblement en jachère histoire de signifier à leur amant : « Je suis rebelle à tout forme de paternité ». L'homme que je suis se contrefout de leurs histoires avec leur père. Je ne suis pas leur père, je ne le serai jamais et je ne veux pas l'être. Je peux éventuellement les sauter, les aimer, leur faire du poulet au curry, me marrer avec elle, mais certainement pas être leur père ou leur psychothérapeute !

*

Mesdames, avec ou sans poils, vous ne serez jamais nos filles et c'est là le fond du drame pileux et conjugal qu'illustre le complexe de « la petite fille ».
Un homme, quand il est attiré par une *femme*, voit une *femme* avec ses

formes, son expérience et son histoire. Cette *femme* qui a des formes de femme et non de petite fille, qui a l'expérience d'une femme et non l'ignorance d'une petite fille - Cette *femme* est indiscutablement femme.
Elle est ***femme*** parce qu'elle fut petite fille, puis adolescente pour finir par être adulte est justement désirée parce que ***femme***.
En conséquence, l'homme qui désire cette *femme* désire une *femme* et non une petite fille. CQFD.
L'ensemble des rites de séduction affirme à n'importe quelle *femme* qu'elle est une *femme* et n'est pas une petite fille.
D'ailleurs, il n'y a rien de plus méprisant que d'être empaternisé par une tarée jouant à la petite fille alors qu'elle se défend d'en être une. A grand renfort de séduction « infantile » empruntée aux adolescentes et de posture rebelle de « féministe » empruntée à la frustrée du coin, le même cinéma se répète, le même ennui m'accable au bout de 10 minutes de drague, et, en un quart d'heure, me voilà convaincu de fuir cette femme atteinte par le syndrome de « la petite fille ».

Le drame pileux et conjugal du complexe de « la petite fille » repose essentiellement sur le fait que les féministes refusent d'être femmes en se défendant sans cesse d'être des « petites filles ». Pourtant, elles restent des petites merdeuses mal élevées en leurs postures et attitudes qui ne convainquent qu'elles.
Aliénées par le patriarcat, ces dernières ne peuvent avoir de relation qu'avec papa, car leur féminité se définit par l'opposition au père.
La pratique pileuse de nombreuses femmes découle de tout ceci. Le poil est investi de vertus patriarcales extrêmement aliénantes : avec ou sans, c'est à papa que l'on s'adresse, car c'est papa qui nous définit.

Heureusement pour nous tous, hommes et femmes, beaucoup de femmes sont en mesure de dépasser ce complexe de « la petite fille » et le poil ne signifie plus pour elles un sexe d'enfant ou un sexe d'adulte, mais il n'est plus que ce qu'il est réellement : un poil des plus - banalS.
Quand le poil n'est qu'un poil, les femmes taillent leur pilosité ou s'arrache le tout pour se créer elle-même à travers un domptage du poil. Domptage qui nous conduit tous à nous approprier notre corps. Appropriation de notre corps qui traduit notre intérêt pour notre corps d'*adulte*. Que ce dernier soit avec ou sans poils n'importe pas : ce qui importe, au delà du

complexe de « la petite fille », c'est que l'on s'épile par goût ou, que l'on ne s'épile pas par amour de nos poils. Quelle que soit la politique du poil, elle ne doit jamais avoir d'autres raisons que notre appréciation pileuse ou dépilatoire de nous-mêmes.

*

Face à mes constants sarcasmes, l'argument ultime, l'accusation finale et la plus redoutable est l'accusation de pédophilie. Le poil c'est les adultes, et l'imberbitude, c'est les enfants. Si tu n'aimes pas les poils, c'est donc que tu dois être dans le coup avec Marc Dutrou.

Si le poil apparaît avec la puberté ceci ne signifie pas que les gens qui ont goût aux corps épilés ont goût aux enfants. L'adulte est attiré par des interactions charnelles, intellectuelles, affectives... et un enfant ne répond pas à ces interactions. Un enfant a une sensualité d'enfant, une intelligence d'enfant et demande et exprime une affection d'enfant. Affirmer ici que l'épilation est un dérivatif d'une déviance pédophile, c'est tout simplement n'importe quoi.

On ne peut et on ne doit faire du poil un tel symbole. Agir ainsi implique une négation gravissime de la nécessaire interaction sexuelle et affective entre les individus. Agir ainsi offre une légitimité au viol des femmes en âge d'être violée grâce à leurs poils, puisqu'on interdit le viol des enfants qui ne seraient pas en âge de l'être puisque imberbes. Le viol est mal, avec ou sans poil. Il est toujours bon de le rappeler...

Rengainez donc cet immonde et malhonnête argument. Faites une thérapie pour régler votre complexe de « la petite fille » et cessez de prendre tout le monde en otage avec votre mauvaise foi.

User de la pédophilie pour mettre en accusation des adultes qui ne s'occupent que de leurs poils, c'est banaliser la pédophilie, c'est la cautionner et donner licence aux connards qui forcent, brutalisent et torturent d'autres individus (adultes ou enfants) pour réussir à bander.

Que la mauvaise foi hirsute vous étouffe de honte !

IV.
Arrachez moi tout ça ! Et caressez-moi...

« Il n'y aura plus de grands pour Le proclamer roi, et tous Ses princes seront anéantis.
Les épines croîtront dans Ses palais, les ronces et les chardons dans Ses forteresses.
Ce sera la demeure des chacals, le repaire des autruches.
Les animaux du désert y rencontreront les chiens sauvages,
Et les boucs s'y appelleront les uns les autres.
Et là s'installera Lilith, et trouvera son lieu de repos. »
Le Livre d'Isaïe - La Bible.

Ruiner le poil, ruiner les genres, ruiner le monde.

Ma môme, comme la plupart des enfants du début du XXIe siècle est sujette à la propagande d'Etat à propos de la citoyenneté et de l'environnement.
« Il faut sauver la planète !!! » m'hurle-t-elle lorsque, avec négligence, je jette la bouteille de sirop en métal dans la poubelle prédestinée au papier.
Les maîtres des écoles n'ont ils pas honte d'instrumentaliser ainsi des enfants qu'ils n'ont même pas faits eux-mêmes ??? - Sont-ils obligés d'être aussi zélés dans ce martelage de crâne, cette entreprise mange-cerveau ???

Il y a des tartes qui pourraient se perdre, mais comme ça ne me coûtera rien de talocher ma môme (elle a pas de syndicat, elle!), c'est elle qui prend à la place de sa maîtresse ! - « Pan la môme ! Dans ta gueule ! »
Non mais dites voir ?!? - « Sauver la planète » ?!? - La planète de qui d'abord ?!?

Si je veux me balader on me ponctionne : essence, sustentation consommable à tout va. Même au fin fond de la Lozère ou de la Creuse, tu trouves du barbelé avec un écriteau : « Propriété privée ».
Les gens comme moi sont remerciés... : « veuillez circuler... y a rien à voir ! »
C'est la planète des riches, pas la mienne. Moi, je suis dans mon appartement. J'attends le 5 du mois à partir du 10, autant dire que j'attends tout le temps. La planète ? - On m'en accorde une parcelle superposée

contre un droit d'y exister que l'on appelle « loyer ».

Et vous voudriez que je sauve ça ??? - Non mais dites donc, messieurs dames, je suis pas fou ! J'en ai rien à foutre de votre monde de merde ! Faites moi donc un bon petit monde sans Etats ni frontières ni propriétés, et je daignerai m'intéresser à cette histoire environnementale.
De toute façon, je suis au premier, à 8 mètres au dessus du sol... Avec la fonte des calottes glacières, je m'imagine parfois à Venise et pense avec joie à tous ces chiens d'épiciers qui crèvent de rien sur les tiroir-caisses de leurs boutiques en rez-de-chaussée !

Quelle joie d'anticiper la ruine d'un monde qui a ruiné ma vie...

*

La ruine... Il n'y a que ça de vrai !
C'est joli une ruine. Ça donne envie d'en faire quelque chose, on imagine comment faire et y faire. Je te mets une chambre par-ci, une bibliothèque par-là... Avec une ruine, au moins, on peut dépasser le présent. J'en conclus donc qu'il faut faire de notre monde une ruine pour pouvoir le rendre intéressant... Et ça urge ! Parce que là, c'est vraiment pas folichon... !

Par exemple, le monde de séduction et de convoitise qu'a généré la pornocratie. C'est sophistiqué, raisonnable, enviable même... mais que c'est chiant !!!
C'est chiant comme n'importe quelle forme de relation où on cherche à s'accaparer l'autre en prétendant l'aimer. Il ne s'agit pas de le découvrir, de s'en faire surprendre ni même de l'imaginer : il ne s'agit que d'avoir quelqu'un dans son giron.
La pornocratie a établi en guise de norme, une grande masturbation conjugale où les conflits deviennent plus jouissifs que n'importe quoi, parce qu'au moins, dans les conflits, il y a un enjeu : savoir qui domine qui, qui consomme qui, qui exploite qui.

Voilà mon ambition : ruiner l'amour tel qu'il existe dans notre monde. Il s'agit ici de jouir ensemble. De jouir de la ruine du monde pour nous purger de nos intentions et paresses, pour expier – Oui ! Expier ! - nos passions idolâtres et nos avilissement résignés.

Et ceci, cher-e-s lecteurs-trices, passe par l'anéantissement du poil ! Ce symbole ô combien végétatif qui s'impose à nous, doit être arraché ! L'épilation est la mortification des Saints des temps modernes ! Les toisons et les aisselles, les torses et les jambes, tout doit y passer !
Tel est le Jihad mondial qui se profile à l'horizon ! Dans un retour sur soi-même et ses poils, l'humanité peut avoir l'occasion de communier en un grand cri dépilatoire – un cri enfin unifié et dépassant les langues et les frontières, les genres et les cultures !

Karl Marx, Jésus et Muhammad en avaient rêvé... La cire chaude le permet !

*

Mon corps fait sédition des pornocrates et de leurs règles ! De ce qu'ils me disent désirable et admissible !
Privatisant les fantasmes et les pulsions qu'ils standardisent et revendent dans un double mouvement, j'emmerde le privilège dépilatoire des acteurs de films de cul ! J'emmerde le fantasme pileux ! J'emmerde le fantasme épilé ! J'emmerde les symboles débiles du poil viril et/ou pubère !

J'emmerde simplement, avec bonhomie, les postures anti-poils ! Les postures pro-poils ! Je les emmerde car ce sont l'une et l'autre des négligences que le cerveau impose au corps comme au cœur !
Rationnel, blindé d'arguments et surtout négligé, j'entends la rumeur des philosophes polis et corrects qui se planquent derrière le poil et la « liberté » pornocratique... Ils sont tous négligés et négligents, méprisants et méprisables !

La civilisation s'écroule enfin ! Il était temps ! Tout ces pubis négligés ne traduisent jamais que le mépris d'autrui comme de soi-même. Le mépris mutuel comme ciment social conduit irrémédiablement la civilisation à sa ruine... Jouissance des Saints et des Elus !

*

Toutes ces personnes qui méprisent leur corps et ne l'entretiennent pas, ils le droguent, ils l'alcoolisent et ils l'enfument... tous ceux là, comment voulez-vous qu'ils estiment leur prochain si ils ne sont pas foutus d'avoir une once de respect pour eux-mêmes ? Comment voulez-vous qu'ils puissent concevoir l'amour comme une gratuité aventureuse et sans gain, si ils sont incapables de fournir le moindre effort esthétique et hygiénique ?

Ils geignent, ils se plaignent.
« Personne ne m'aime », « Je suis laid », « L'épilation ça fait mal », « Ma femme m'emmerde », etc.
Mais qu'ils combattent bordel de merde ! Qu'ils fassent l'effort d'exister ! Qu'ils cessent de croire qu'un jour, éventuellement, ils pourraient enfin exister !
Mais non... les efforts qu'ils fournissent ne sont que marketing. Ce ne sont que séductions publicitaires pour établir une domination et une exploitation sans cesse renouvelées avec leurs prochains.

Ce sont des incapables qui ne raisonnent pas et se dépersonnalisent en s'épilant ou en ne s'épilant pas. Ils séduisent ou s'imposent, mais jamais n'échangent. Et tout ceci ne tient qu'à cette vérité : Le poil occulte notre humanité par son symbolisme aliénant nous interdisant d'être tels que nous désirons être et nous offrir.

Le poil incarné.

Tant que les un-e-s et les autres chercheront à se fuir ou à se modeler à travers autrui et les prétentions amoureuses qu'il y investit ; l'amour ne sera qu'un produit ; et les amoureux ne seront que des marchandises s'exploitant et se consommant les uns les autres.

Ce mépris de soi-même est signifiant dans le poil. Le poil est le verbe de notre mépris pour nous-mêmes comme pour autrui. Chaque poil de notre corps est une lettre d'une vaste phrase que murmure Cheytan à l'oreille des humains : « Ton Moi est tout, dispose de Tout, abuse de Tout ».

C'est ainsi que chacun rentre en guerre contre tout le monde, car autrui est objet du Tout et qu'il s'agit d'en disposer, d'en abuser : de le dominer, de l'exploiter et d'y régner en maître.

Les prétentions égalitaristes entre les genres ne sont que des foutaises consensuelles voulues par la pornocratie. L'enjeu n'est que de libéraliser le marché amoureux et d'optimiser son exploitation et sa corollaire concurrence, en ouvrant le marché pornocratique aux femmes.

Genres qui se méprisent l'un l'autre, s'excluent de l'humanité l'un l'autre. Genres qui font du poil l'enjeu majeur de ce siècle, puisque la domination passe, selon eux, par le poil !

La vraie question des genres n'est ni leur égalité ni leur différence, mais la remise en question de leur existence. Ruinons tout et même cela ! Détruisons l'idée du genre et regardons les réalités qui demeurent : une bite, une chatte. Pas plus, pas moins.

*

« Epilez-vous les uns les autres ! »
Tel est le cri de guerre d'une humanité qui se désire. Tel est le moyen de ruiner les séparations entre les genres, les classes, les cultures !
La seule guerre dépilatoire peut faire communier l'humanité hétéroclite dans un seul et même souci (le poil), dans un seul et même désir (s'offrir avec plaisir les uns aux autres).

L'arrachage du poil ne fera jamais d'un homme autre chose qu'un homme et d'une femme autre chose qu'une femme. Ceux qui prétendent le contraire font de l'obscurantisme et ils feraient mieux de réviser les planches anatomiques au lieu de nous vomir des insanités dans les oreilles !

L'arrachage détruit les représentations abusives que nous nous faisons de nous-mêmes. L'arrachage ruine les dominations entre ceux qui le pratiquent réellement (et non seulement en vue de séduire). Dans le cas du plaisir à s'offrir plutôt ainsi que comme cela, l'un et l'autre sont en effort pour eux-mêmes comme pour autrui. Ils s'offrent et reçoivent l'offrande, par delà toutes les idées que l'on nous force à incarner (idée du genre, de l'incube et du succube).

Le différentialisme et sa ségrégation sont des idées qui n'existent que par le culte du poil. Pourtant, l'arrachage du poil n'anéantit pas les distinctions fondamentales. Les distinctions fondamentales entre l'homme et la femme qui sont dénués de pilosité, sont les ruines qui demeurent. Les ruines à partir desquelles nous rêvons. Les rêves à partir desquels il est encore temps de bâtir.
L'arrachage ne fait que ruiner les idées : il ne fait que balayer le trop plein de conneries pour ne laisser que des ruines à partir desquelles, enfin, nous pouvons redécouvrir l'amour ensemble. Amour enfin débarrassé de toutes les bêtises qui l'encombraient.

*

Cette révolution dépilatoire est en cours, mais nul ne pourra jamais réellement en profiter avant la ruine totale de notre monde. Au mieux, les révolutionnaires sont autarcisés. Au pire, ils sont exterminés. Mais en aucun cas ils ne peuvent exister pleinement et remplir leur rôle émancipateur, donc s'émanciper eux-mêmes.

Accusés, blâmés, moqués, les révolutionnaires s'épilent et portent la jouissance dépilatoire dans leur vie, mais leur vie se retrouve invariablement confinée hors des standards et des normes. Leur logiciel se différencie sans pour autant les aider en quoi que ce soit... si ce n'est peut-être par l'exotisme qu'il représente et qui stimule le désir d'autrui à consommer du rebelle :
« Papa, je te présente mon nouvel amoureux... Il s'épile les couilles ! »

*

Sans la ruine du monde, les révolutionnaires ne sont que des intentions qui consomment et se font consommer. Ils ne sont, dès lors, que des esclaves comme les autres. Sans révolution, il n'y a que des révolutionnaires en devenir conscients de leurs frustrations à ne pas être ce qu'ils désirent être.

Pourtant, il est certain que la civilisation du poil court à sa ruine ! Nous sommes trop beaux, trop désireux d'aimer, trop conscients de l'interdit fait à nos jouissances, pour qu'il en soit autrement !

Assurément, la Prophétie d'Isaïe est juste ! Lilith*, ce feu passionnel que Dieu insuffle en Adam, mais qu'Adam ne peut contenir, se déversera sur le monde et le ruinera...
C'est seulement de la ruine du monde nettoyé par le brasier du Souffle qu'est Lilith, que la jouissance existentielle qu'à offert à chacun le Très Miséricordieux, pourra enfin être totale et inaltérable.
C'est par le Souffle qu'Adam ne put supporter et qui généra les Enfers en étant séparé de la chair, que nous serons enfin purgés de nos crispations et de nos idées : que nous serons enfin libérés de ce culte de la pérennisation de nous-mêmes pour nous-mêmes qu'incarne Eve.

Gloire à Dieu ! Gloire à Son Souffle qui consume le monde des idées et les egos ! Gloire à Son Souffle de pure passion qu'est Sa jouissance éternelle de Lui-même à travers chacun-e d'entre nous !

Gloire à Lui ! Gloire au Grand Épilateur Éternel !

---

* Entre la lecture historique et la lecture gnostique de la Genèse, je prend parti pour la lecture gnostique. Comme l'a révélé la science, le processus « existenciateur » de l'univers est constant et n'est nullement arrêté dans le temps. Le mythe premier qu'est la Genèse n'est donc pas l'histoire de la création de l'humanité et de l'univers, mais celui de la prise de conscience de sa propre conscience à exister de l'humanité. La Genèse est une littérature qui précède la Bible et dont la première trace se trouve dans la civilisation babylonienne où trois principes muent le récit comme c'est le cas dans la Genèse : Adam / Lilû (la forme, l'objet), Eve / Lilîtu (conscience de la forme pour qu'elle se sauvegarde, se pérennise, se nourrisse, se défende, etc.) et Lilith / Ardat Lilî (souffle primordial qui anime l'être, désire l'être, jouit de l'être ou est frustré par l'être et le tourmente). L'étymologie même de Lilith provient des langues mésopotamiennes où « Lîl » signifie « Souffle » (tablette VAT 8275 du Musée de Berlin). Aussi, l'exégète gnostique rejette catégoriquement la sexuation des personnages qui ne sont que des outils symboliques visant à transmettre à l'humanité une compréhension d'elle-même et non une explication sur son origine biologique et physique. D'ailleurs, si c'est la forme (Adam) qui ensemence le désir (Lilith) pour engendrer, puis ensemencer à son tour la conscience (Eve) au sein même de la forme (Adam « accouche » d'Eve), c'est justement pour définir l'humanité comme une créature s'étant engendrée elle-même à partir de son animalité primitive où les instincts évoluèrent en désir et les désirs en raisonnement. L'exégète gnostique de la Genèse n'est pas un argument à l'obscurantisme, mais en est justement le refus.
A contrario, la lecture historique définit le récit comme un dogme des origines. Les religions ont imposé une genrification au récit pour asseoir la domination et l'exploitation phallocratique, tout en tentant de gommer Lilith du récit en n'employant que le terme de « souffle ». Le seul Prophète Isaïe nommera Lilith directement, en décrivant la création des Enfers due à sa séparation de la forme (d'Adam). Les religieux admettant Lilith iront jusqu'à en faire l'épouse de Satan pour en court-circuiter toute compréhension constructive (théorie n'apparaissant qu'au XIIIe siècle, en Europe, chez le kabbaliste juif Isaac Ha-Cohen. Depuis, les religieux faisant référence à Lilith comme épouse de Satan ne font que reprendre à leur compte cette fantaisie).

V.
DERNIERES CONSIDERATIONS.

« Je chante une guerre, plus longue plus grande qu'aucune du passé,
Une guerre [...] avec fortunes diverses, fuites, avancées, retraites, victoires différées ou précaires,
Mon champs de bataille le monde, ma guerre pour la vie la mort, le corps l'âme éternelle »
W. Whitman – Feuilles d'herbes

Gnose et dichotomie du poil.

On a la foi ou on ne l'a pas ! Ces choses là ne se discutent pas - du moins tant que d'aucun ne tente d'enfermer tout le monde dans un dogme à grands coups de bombe dans le derrière et de camps d'extermination...

Pour ma part, Dieu est Le seul truc qui est si Il n'est pas : Il est le néant comme Il est l'existant. Il est ce qu'Il n'est pas et n'est pas ce qu'Il est, justement parce qu'Il est Tout et Rien.

Il est l'ontologie, la phénoménologie incarnée. Il est ce qui Se suffit à Soi-même à travers tout ce qui est et n'est pas.
« Pourquoi donc avoir permis des créatures ? » - Me direz-vous.

Justement parce que les créatures appartiennent au Tout et qu'elles sont sensualités particulières du Tout – soit, une expérience particulière du Tout pour le Tout et à travers chacun-e.
Par chaque particularité qui naît, vit et meurt, Dieu éprouve à travers chaque particularité des sentiments, des douleurs et des plaisirs. C'est donc pour S'éprouver Lui-même à travers chaque chose que Dieu a permis à l'individu de dire « Moi ».

La Création n'est donc qu'un désir, qu'un ordre et qu'une volonté de jouissance masturbatoire.
Dieu s'étant prescrit la miséricorde, Il propose de partager avec Ses créatures cette jouissance d'Être ; Il propose d'éprouver Son Être à travers chaque être. Voilà donc chaque créature véhiculant et partageant

temporairement *Sa* jouissance éternelle et infinie de Lui-même.
Libre à chacun de savoir qu'il n'y a *que* la jouissance de Dieu ou de s'idolâtrer en enfermant les jouissances dans des petits « Moi » prétentieux aussi vite apparus que disparus.

Les individus peuvent Le nier et s'affirmer origine et finalité de toute souffrance et jouissance. L'égotisme fait partie de ce que Dieu peut vouloir éprouver de Lui-même – mécroire est donc recevable.

La mécréance peut être religieuse par le culte du dogme (idolâtrie rituelle) comme elle peut être insatiabilité dans le culte de l'ego (idolâtrie du « Moi »). Dans ces cas précis, la mécréance devient la genèse de tous les crimes, puisqu'elle n'est que voracité s'excusant à travers des idoles façonnées sur mesure pour justifier chacun des crimes commis.
D'un autre point de vue, nombre d'athées sont inconsciemment fidèles et soumis à Dieu. Ceux là combattent l'égotisme et défendent le droit de jouissance de soi-même comme du monde pour chaque individu et communauté. Se prévaloir « Sans Dieu ni Maître » n'est que se prévaloir...

Qu'est-ce que le crime ? - Le crime qui contient tous les crimes, c'est priver autrui de la jouissance de lui-même et des biens nécessaires à son épanouissement et à sa jouissance.
Dieu S'offre à chacun et le crime est justement de priver autrui de Dieu et de Ses dons de plaisirs, de jouissances et d'aisances.

*

Vous m'aviez cru athée et férocement moqueur de la spiritualité au chapitre précédent, mais c'est justement parce que je connais Dieu que je peux rire de Lui, car rire de Lui n'est que rire avec Lui.

Le blasphème n'est pas criminel, bande de nazes ! Le blasphème, comme toute évocation de Dieu, est et ne peut rester qu'une louange qui séduit Dieu – Dieu aime rire et Il ne peut rire que de Lui-même, car Lui seul est Tout, n'est Rien et est chaque chose.
« Ne réfléchissez-vous donc pas ? »*

---

* Verset omniprésent dans la Saint Coran.

*

En étant le « Je » de chaque chose, Il est le « Je » de chaque « Moi ». Le « Moi » (ou ego), occulte le « Je » pour que chacun-e ait l'occasion de Le redécouvrir et de jouir de cette redécouverte de Dieu qui est « Souffle » en chacun-e de nous.

Que nous redécouvrions Dieu en nous et tout alentour, ou, que nous ne l'y retrouvions pas, n'est pas cause de déséquilibre ou de chaos en soi. Ce qui est cause de déséquilibre et de chaos, intérieur comme extérieur, c'est de ne pas discerner le « Je » du « Moi » et s'investir soi-même de Sa Toute Puissance. C'est encore ceci que le crime qui contient tous les crimes, car celui qui se prétend tout-puissant n'exerce jamais sa puissance que pour se satisfaire au détriment de tout ce qui l'environne : celui qui se dit tout-puissant se place en haut d'une hiérarchie temporelle que la hiérarchie spirituelle ne peut ni soutenir ni cautionner ni admettre. Dieu est l'Unique Tout-Puissant et tout le reste est égal, semblable, et surtout, doit veiller à cette égalité devant Dieu.

L'individu Tout-Puissant est illustré par Pharaon et Pharaon est une charogne pleine de poils. Relisez donc le Coran avec cet éclairage, ô nains prétentieux !

*

« Qu'est-ce à voir avec le poil que tout ceci ? » me direz-vous. Et bien, c'est simple : le monde temporel et créaturel où nous subsistons est un monde de contradictions, de dualités. Dieu est le concept qui en assure l'unité et la cohérence.

Le poil entretient l'illusion de la dualité, car si il y a désir et choix envers le poil, ce choix ne peut être véritable que si nous savons notre « Moi » comme illusoire face à l'unique réalité qu'est Son « Je ».
Pour « Moi », il y a le postulat qu'est la « naturelle » touffe et l'action de se vivre, de se choisir, de se jouir avec ou sans touffe. Quand à Dieu : Il s'en fout royalement, si seulement nous nous choisissons et nous nous savons comme simple véhicule de Sa jouissance.

Et Dieu créa le Poil...

J'entends déjà les gens *normaux*, avec leurs grilles de lecture *normales*, se scandaliser de ma foi ! Qu'un paysan illettré afghan croit en Dieu, passe encore... mais à moi qui suis instruit et savant, on ne me le pardonnera pas. Qui plus est, je prends double dose ! Parce que je crache à la gueule des dogmes, donc des religions et des clergés. Clergés que je chie et conchie comme étant les plus grandes insultes que l'humanité n'ait jamais adressées à Dieu.
Fatalement, me voilà pris entre l'accusation de folie ou d'exotisme, par les athées – et, la condamnation à mort par les Rabbins, les Oulémas et les Curés qui sont à Dieu ce que le tartre est à un chiotte.

Pour répondre aux athées intégristes et à leurs œillères, je ne dirai qu'une chose : *la Foi, c'est comme les érections, « Ça ne se commande pas »**

*

Revenons-en à Dieu et au poil...
Mais pourquoi donc Dieu nous a-t-il imposé cette disgracieuse pilosité ?!? - Car c'est bel et bien la question de ce chapitre et qu'à force de me justifier de tout, je finirai par m'y perdre moi-même !

Qu'est-ce qu'on Lui a fait pour qu'il nous colle cette saloperie de poil sous les bras, entre les jambes et au cul ??? Bref : partout où ça pue !
Mon humble avis, c'est que le poil va de pair avec la Chute du Paradis.
Dieu, dans le texte, dit : « Tu enfanteras dans la douleur ! » - Et il a permis la péridurale et la gynécologie après. Sa Miséricorde se vérifie donc tous les jours dans les services de maternité.
De surcroît, nous pouvons supposer qu'Il a aussi dit : « Tu t'épileras dans la douleur ! » - Et même si Il a permis l'invention de la pince à épiler et de la cire chaude, force est de constater que cette science est bien moins avancée que celle de l'enfantement, car la douleur demeure !
Aussi, j'accuse les chercheurs en cosmétique de ne pas se laisser inspirer par Dieu comme ce fut le cas pour les chercheurs en enfantement !

En même temps, les grandes sociétés de cosmétiques sont vraiment des saloperies. Collaborant au régime Nazi pour les unes parce que « vous le

---

* Georges Brassens - « Fernande ».

valez bien » ou testant des rouges à lèvres sur des babouins qui font des cancers de la bouche dans les 72h ; il faut bien avouer que question inspiration, c'est plutôt raté...

*

La question reste en suspend, car si la touffe est une malédiction divine allant de pair avec les autres, pourquoi celle-ci plutôt qu'une autre ? Pourquoi le poil ? Pourquoi Dieu laisse faire le mal ? Pourquoi a-t-il permis Hitler, Khomeyni, Kim Jong-Il, Bush I, Bush II, Staline, le Pape, les famines, les guerres, les massacres, « Les feux de l'amour » à la télévision, la méchanceté de mes ex-femmes, la peste, le SIDA, la bêtise de mes lecteurs... et surtout : LE POIL ?!?

MAIS POURQUOI ??? POURQUOI CETTE COCHONNERIE DE POIL ?!?

Parce que si l'univers est doué de créatures animées, c'est justement pour qu'elles s'animent lesdites créatures ! - Et vas-y que ça pleurniche sur le poil ou le fascisme, mais bordel de putain de chiotte de merde !!! Vous êtes pas des légumes ! Vous êtes vivants ! Et combattre le mal, voilà le meilleur des biens, voilà de l'action qui donne un sens aux choses !

La famine te scandalise ? - Pourquoi insulter Dieu quand les supermarchés sont pleins et que la faim des autres, comme la tienne, n'est due qu'a ton idolâtrie de la Sainte-Propriété qui t'interdit de prendre ce que Dieu t'a pourtant donné de plein droit ?!? - Pille !
Les tyrans te tirent des larmes d'amertume ? - Pourquoi rendre responsable de la tyrannie le Grand-Manitou quand celui-ci répète, inlassablement, depuis les fins fonds du Lévitique jusqu'aux sommets du Coran que les Pharaons sont des cons qu'il faut zigouiller ou abandonner à la construction de leurs pyramides, seuls et sans main-d'œuvre ?!? - Révolte-toi !
Les guerres te coupent le souffle ? - Génération après génération, pour la couleur d'un drapeau et ton fétichisme de la Patrie ou des Droits de l'Homme, tu vas crever dans des bourbiers en espérant étriper celui qui n'a pas la même langue que la tienne, et tu accuses Dieu de ta connerie toute

personnelle ?!? - Questionne-toi et déserte !
Tu déplores les massacres ? - Dieu n'est pas un massacreur ni un massacré. Les seuls qui le sont ce sont des humains qui ont méprisé le droit de jouir de leurs propres existences – jouissance qui est offerte par Dieu à travers tout ce que la vie produit. - Et que l'on me parle pas de Sodome et Gomorrhe, parce que là, je peux faire mal et faire péter les rondelles de tous les clergés, et d'un seul coup d'un seul ! Mais ça, je me le réserve pour un autre écrit...

Tu stigmatises et railles les « Feux de l'amour » à la télévision ? - Mais dis voir, pauvre guignol ! Si ça passe à la télévision, c'est qu'il y a de la demande ? Et je t'assure que l'Audience divine n'est pas comptabilisée dans les calculs de l'audimat !
Et le SIDA ??? - Tu vas aussi coller ça sur le dos du Créateur ? - La capote, c'est pas fait pour les chiens : Dieu a permis le latex, le caoutchouc et le plastique, et c'est bien pour que nous nous en servions ! N'en déplaise aux raclures de chiottes cléricales !

Quand à mes ex-femmes, j'avais qu'à faire gaffe. Au pire, il y avait l'IVG. Elles sont chiantes ? - Et bien, c'est mon affaire, c'est ma responsabilité : pas celle de Dieu ! Dieu me réconforte quand je pleure et m'arme quand je combats, mais c'est pas Lui qui combat, c'est pas Lui qui pleure : c'est « Moi ». Et pour cause ! Il a un Univers infini à gérer, alors mes ex-femmes et moi-même, on peut bien attendre le Jugement Dernier !

Et pour le Poil ? - Et bien c'est pareil ! C'est pour que les gens s'occupent un peu d'eux-mêmes pour être jolis, pleins de désir et de surprise ! Que l'on arrache tout ou que l'on taille harmonieusement la tonsure, ce n'est pas le résultat qui compte, mais l'effort fourni pour ne pas admettre la merde qui existe parmi nous et bien malgré les recommandations de Dieu ! - Ne t'en déplaise...

Eden & Purgatoire du Poil

A n'en pas douter, il n'y a pas de poil dans les Jardins d'Eden. Le Purgatoire s'en charge : c'est comme qui dirait la salle dépilatoire de tous ceux qui se sont laissés pousser le poil n'importe comment durant leur vie terrestre et s'y sont résignés. Résignation excusée par l'idolâtrie qui leur permettait de végéter, mais qui leur assure un ticket gagnant pour l'Enfer dépilatoire qu'est le Purgatoire.

Au Jour du Jugement dernier, il suffira pas de dire à Dieu : « C'est pas moi qui ai fait ça ! C'est la patrie qui me l'a ordonné ! » - La Patrie, tu sais ce qu'elle te dira ? - La même chose que le poil : « J'étais là, il m'a laissé proliférer, c'est l'humain qui m'a créé par sa lâcheté et sa paresse ». Et là, tu n'auras rien à répondre, parce que la Patrie comme tes Poils, ils auront raison contre toi !*

Au Purgatoire, on arrache le poil ! Tous les poils ! - On fait jamais que passer dans cette séquence logarithmique de l'Au-Delà, on y reste pas. On nous y prépare pour voir la Face de Dieu (comprenez : fusionner avec Lui), et Dieu n'a pas du tout envie de se retrouver face à des yétis patriotes – ceci explique toute la séance purgative, comprenez le bien.

Les Jardins d'Eden sont peuplés de gens éternellement épilés qui sont en stand-by en attendant de s'anéantir en Dieu. Ils attendent là que s'en soit fini avec les poils des damnés.
Ceux du Purgatoire, eux, ont le poil qui repousse sans cesse. C'est à cause d'eux que les autres poirotent au Paradis.
Les démons les leur arrachent, certes, mais tant que les damnés croient qu'ils existent à côté de Dieu, et non en Lui, leurs poils repoussent de plus belle ! Et oui ! Le poil, c'est la production de l'affirmation du Moi contre le Je.

*

Dieu a du goût, Lui ! Les poils ? - Pas question ! - On fusionne pas avec le Créateur avec des lianes sous les bras et des poils qui débordent de la culotte !
Dieu a prévu le Purgatoire pour éviter de voir des gus arriver ainsi devant Lui tout en se grattant les couilles. Il est délicat le Créateur, et Il n'aime pas être indisposé par des gens qui Lui rotent à la gueule.

* Ceci fait écho à la conception islamique du Jugement Dernier. Chaque outils et instruments tentateurs ou ayant servi le mal témoigneront contre celle et celui qui en auront tiré profit : ne les auront pas combattus ou n'y auront pas résistés.

Il s'est pas fait chier à créer tout ce qui est pour en plus se taper des grosses feignasses hirsutes qui n'ont pas été foutues d'entretenir ce qu'Il leur avait offert : *leurs corps et le monde* !

Et bah oui ! Ça réclame ! Ça demande le Service Après Vente divin...
Le SAV ? - Hop ! Au Purgatoire ! C'est comme les hot-line quand ta connexion internet ne marche plus ; mais en plus de t'enculer comme un quelconque SAV, les diables t'arrachent les poils du cul.

Au Jugement Dernier, pas de demi-mesure ! C'est comme dans la vie et c'est même censé nous inspirer, ici et maintenant.
Soit on a la force et le courage d'exister, soit on se contente de se faire enculer par les SAV démocratiques, économiques, platoniques, pornocratiques, patriotiques et pileux.

Le poil enseigne qu'il n'y a pas de demi-vie, pas demi-liberté, pas de demi-dieu... Mais une discrimination entre ceux qui s'adonnent à un peu de jardinage, et ceux qui pleurnichent devant leur friche sans jamais rien y changer.

Microcosme et macrocosme des jardiniers

Les Jardins d'Eden feraient donc de nous tous des techniciens d'espaces verts sereins et épanouis. Notre vie d'ici bas n'est donc pas validée par sa crasse ou la haine de cette vie qu'il est de bon ton d'exprimer. Au contraire : la vie d'ici-bas est agréée par le respect et l'amour que nous avons pour elle et que Dieu nous commande d'avoir envers elle.

Cette idée du jardinage est une double projection de l'Ici-Bas vers l'Au-Delà, et de l'Au-Delà dans l'Ici-Bas. Un peu comme deux miroirs se faisant face et ne permettant pas de savoir lequel des deux reflète l'image originelle.
Les croyants disent que l'ici-bas reflète l'Au-Delà. Quand aux athées, ils affirment que Dieu est une invention humaine. Ils prétendent donc que c'est l'ici-bas qui est l'image originelle et que l'Au-Delà n'est que son reflet.

Les deux camps ont parfaitement raison ! Qu'ils s'apaisent donc l'un envers l'autre ou me tapent dessus pour se réconcilier ! Je me sens très christique, croix et clous ce matin... Qu'ils en profitent !

*

Dieu est un concept. C'est un mot permettant de saisir une dynamique et un pouvoir incommensurable et inimaginable qui a toujours été à l'œuvre et ne cessera jamais de l'être.
Cette dynamique et ce pouvoir sont fondamentalement incompréhensibles, car ils évoluent dans l'infini temporel comme spatial. Or, nous ne pouvons saisir que ce qui est défini dans le temps et l'espace. Dieu est donc en dehors de notre champ de compréhension.

Il est Tout et Rien, donc tout ce qui peut être imaginé ou inimaginé, réalisé ou irréalisé, est Lui.
Dieu ne peut pas être contenu dans un mot ou un credo, une définition ou une quelconque limitation. Le mot et l'idée même de Dieu est l'aveu de notre impuissance à le savoir, mais l'usage du mot « Dieu » est aussi l'expression de notre capacité à le deviner, donc à l'imaginer : c'est-à-dire à en créer une représentation audible et compréhensible qui est entièrement d'origine humaine.

Les peuples des déserts se représentent l'Au-Delà comme un Jardin luxuriant. Les peuples des pays tropicaux et humides se représentent l'Au-Delà comme un lieu épuré, presque vide.
Ces deux représentations sont recevables, car l'Au-Delà comme étape de paix et de sérénité avant l'anéantissement en Dieu, ne peut se rendre compréhensible aux humains qu'en permettant aux humains de se créer une représentation de cette étape qui leur parle – et ce, dans la très grande variété de cultures que compte notre espèce.
Autrement dit, l'existence même de Dieu repose sur nos efforts à nous le rendre compréhensible et familier. Aucun effort ne prédomine sur l'autre et toutes les représentations du divin, aussi variées soient-elles, sont *réellement* Dieu.

Dieu existe, parce qu'Il n'existe pas. Dieu existe, parce que Dieu a permis aux humains de se Le représenter : de l'inventer.
Dieu est un miroir où l'on se regarde comme nous sommes le miroir dans

lequel Dieu Se contemple, et c'est là toute la limite de notre compréhension de Dieu et de l'Au-Delà.

L'Ici-bas n'excluant pas l'Au-Delà, bien qu'il en soit séparé hermétiquement, j'en conclus que les mondes sont fonction l'un de l'autre – Ce sont deux dimensions, non pas parallèles, mais dont l'une est en extension constante (l'Au-Delà) parce qu'elle tire sa puissance en comprimant l'Ici-Bas (la concentration de notre imagination génère nos réalités).
Cette compression fournit donc toute l'énergie nécessaire à l'extension constante de l'Au-Delà, tout comme l'extension de l'Au-Delà génère l'existence des choses et des gens de l'Ici-bas (ex : deux individus se désirent et s'imaginent amoureux, puis génèrent un enfant).

Si Einstein a fini par croire en Dieu, ce n'est pas par hasard...

*

Il en est de même des Jardins. Il y a mon Jardin qui est contenu dans le Jardin du monde ; et le Jardin du monde qui est contenu par celui de l'Univers.

Sans jolis jardins ici-bas nous n'aurions jamais pu concevoir les Jardins de l'Au-Delà. A l'inverse, ce qui nous pousse à faire de jolis jardins ici-bas, c'est notre désir d'un joli jardin pour nous-mêmes, soit : une représentation de ce que nous désirons.
Les représentations de nos désirs s'apparentent totalement à l'Au-Delà, car c'est l'Au-Delà du moment présent qui se concentre dans l'instant pour en faire jaillir le désir qui finit par nous animer pour nous projeter dans un monde donné, et même Au-Delà.
Le désir est toujours l'Au-Delà de l'instant comme l'instant est toujours la conséquence de notre désir de son dépassement, de son Au-Delà.

Ce monde de la représentation qu'est l'Au-Delà, ne traduit jamais que ce qui nous habite au plus profond de nous-mêmes.
Les croyants disent qu'au fond de nous réside Dieu. Les athées se noient sous une succession de concepts où l'inconscient et le subconscient

bataillent avec les traumas et le symbolisme.
A chacun de voir... mais le résultat pratique est le même pour tout le monde : on arrache le poil parce que nous ne désirons plus en avoir. Nous n'en avons plus puisque nous avons désiré dépasser notre condition pileuse.

*

Le fait est que notre espèce a des Jardins et qu'il nous faut les entretenir.
Il y a les Jardins de l'Au-Delà (ou du subconscient selon votre orientation) pour lesquels nous devons fournir quelques efforts pour y accéder et arriver à en jouir.
Il y a les Jardins de l'ici-bas où nous cultivons de jolies et bonnes choses, car nous aimons et désirons avoir un environnement agréable. Ces jardins d'ici-bas ne sont ni plus ni moins que le monde où nous vivons et le corps que nous sommes.

L'idée des Jardins pose la triple dimension de nos existences : **a.** l'insaisissable auquel nous sommes soumis de gré ou de force (Dieu et l'Au-Delà de toute chose et pensée) : *l'univers infini* ; **b.** l'environnement que nous partageons les uns avec les autres (*le Monde*) ; **c.** et, le dépôt dont chacun est responsable en tant qu'individu (le Jardin de *notre corps*, de *notre vie*).

Ces trois Jardins sont fonction de trois niveaux de jardinage. Jardinages qui impliquent les mêmes libertés, les mêmes responsabilités, les mêmes efforts de conscience et de pratique dans chacun des trois jardins.
Mieux encore, la culture d'un seul de ces jardins influe sur la culture des deux autres : ce que nous faisons dans l'un, rejaillit obligatoirement dans l'autre. A nous de cultiver ces jardins par le jardin le plus approprié à notre sensibilité ou degré de conscience ou de connaissance.

*

Ainsi donc, l'entretien du poil appartient au jardinage de notre corps. C'est l'exercice et la pratique corporelle qui nous signifie le monde et l'univers. L'épilation signifie notre corps dans le monde et l'univers. L'entretien de la pilosité est donc l'une des pratiques les plus basiques et les plus élémentaires pour se vivre dans un monde qui nous est offert en partage. En arrachant le poil, nous allons Au-Delà du corps et nous nous révélons un univers qui nous désire sans cesse à travers notre corps. Nous allons Au-Delà de notre enfermement végétatif que peut être notre corps et nous nous façonnons amoureux de ce qui est en offrant notre corps – son aspect, son travail, son intelligence.

Ce désir du monde et de l'univers auquel nous répondons par notre désir de nous présenter agréable, entretenu, propre et souverain du dépôt de notre corps éphémère que nous muons en objet et sujet de désir et de plaisir, est tout l'objet de l'épilation : du jardinage individuel.

Bref ! La discipline dépilatoire a la sympathie de Dieu qui va s'occuper des hirsutes négligents et puants d'une façon horrible et terrifiante...
Mes frères ! Mes sœurs ! Épilez-vous pendant qu'il en est encore temps !!!

Un jardin au poil

Ces éclairages métaphysiques et paraboliques étant, je replonge immédiatement dans le sujet de ce mémoire. Ce dernier est en train de virer à une énième révélation pouvant engendrer la création d'une nouvelle religion. Ceci serait contre-productif.
Non pas que je n'ai pas confiance en la lucidité de mes lecteurs (que je sais fragiles), mais le sujet est tout de même le poil ! Donc : recentrons nous sur le poil !

*

Le poil est une véritable chance même si c'est une malédiction.

Le poil est une production personnelle et personnifiante que j'ai le mérite de traiter en y consacrant un peu de mon génie messianique.

Avoir un Jardin au poil ne signifie pas nécessairement avoir un jardin sans poil. Ceci signifie avoir un jardin au poil entretenu. Il s'agit donc de consacrer notre intelligence et notre sensualité aux Jardins en les cultivant. La dichotomie qui s'applique au poil est sans appel. Des aisselles sans

poils sont dichotomiques, car elles signifie une absence, donc une action envers quelque chose qui devrait y être... Et comme ça n'y est pas : c'est qu'une succession de geste et de démarche ont engendré ce résultat (soit, un logarithme, une dynamique dépilatoire : un *effort*).
Se pose alors les questions fondamentales que chacun-e doit se poser envers autrui et que la culture de l'épiderme contraint à se poser : Pourquoi ? Comment ? Qui ?

« Qui ? », car la dichotomie du poil va profondément définir qui est ce personnage, selon qu'il soit imberbe ou touffu.
Cette personne lutte contre le poil de ses aisselles, lutte, combat, s'acharne ! - La personne ne se laisse pas aller ! Elle se veut ainsi et est prête à s'exposer, non sans héroïsme, à de sévères douleurs, au sacrifice d'un temps précieux et à une gymnastique improbable pour éradiquer le poil de la dite zone.

Même chose pour les pubis mâles et femelles. Pubis, couilles, grandes lèvres et périnée où l'éradication pileuse se décline sous un panel de dessins divers et variés, allant du ticket de métro à la survivance d'une micro-touffe couvrant l'os pubien.

*

Mise à part une chimiothérapie lourde, il est impossible de passer *honnêtement* à travers la nécessaire douleur de l'arrachage.
Sauf traitement contre le cancer, un Jardin au poil et paradisiaque ne peut s'atteindre qu'en passant par le purgatoire de la cire chaude, de la machine arracheuse ou de la pince à épiler.

Non pas que je fasse un éloge de la souffrance, mais le fait est que l'arrachage implique un sadomasochisme que l'Au-Delà visé (le résultat désiré) impose.

Les traîtres usant du rasoir ne m'abuseront pas !!! - Leurs résultats sont lamentables, leurs pleurnicheries sur l'arrachage sont pathétiques ! Quand à leurs oublis... ils sont désastreusement irritants, et c'est d'ailleurs là leur purgatoire. Purgatoire qu'ils nous imposent sans vergogne en ouvrant les

cuisses.
Où est le sadisme, face aux hérissons revendiquant l'accomplissement de l'acte ? - Je vous le demande ?!?

Soit l'oubli est plus proche de l'abandon, et c'est la monstrueuse prolifération pileuse qui nous explose à la gueule ; soit l'oubli est d'une semaine et avoir des relations sexuelles avec ceux-là équivaut à se masturber avec un grattoir à récurer la vaisselle aspergé de vinaigre !
Les disciples du rasoir n'ont guère de jardin et ne peuvent prétendre à être des jardiniers !

Non seulement ils évincent la métaphysique du poil (ce qui en fait très fréquemment des déséquilibrés mentaux), mais en plus – avec le rasoir comme arme de guerre -, l'épilation se résume à un désir pornophile !
Défions-nous de ces *m'as-tu-vu épilés*, de ces égarés du poil qui ne comprennent rien à rien et n'offrent rien de bon.

*

Les high-tech du poil parlent du laser... Je dois avouer mon ignorance quand au résultat de la pratique, mais ce qui est certain, c'est que le culte douillet et hygiéniste a - une fois encore ! - raison de la métaphysique du poil !

Un jardinier digne de ce nom a un rapport avec le poil : il admet sa poussée comme il pratique son arrachage. Il se questionne sur son poil et ne cherche pas à l'éradiquer pour correspondre à une demande, à une norme ou pour adopter une posture de « bête de cul ». Pour nous - et c'est bien là ce que je défend -, la question du poil est relative au corps avec ce qui y pousse, en fuit, s'en répand, en suinte, en jaillit, s'en échappe ou s'en propulse.

Nous sommes entièrement nous, non seulement parce que nous nous désirons sans cesse dans l'Au-Delà de ce que nous sommes (poilus se désirant épilés), mais aussi parce que nous sommes *l'instant* ayant un Au-Delà (poilus bientôt épilés).

*

Le jardinage n'est pas une négation. C'est bel et bien l'inverse ! L'épidermoculture (ou Jardinage de l'épiderme) est un effort créatif sur soi-même, pour soi-même et dans un monde donné auquel nous voulons contribuer sensuellement en nous affirmant entièrement tels que nous nous désirons.

Si le rasoir ou le laser sont hypocrites, c'est justement parce que ce désir de nous-mêmes n'est pas pour nous-mêmes, mais pour correspondre à un résultat standard auquel nous désirons nous identifier pour en consommer les avantages supposés (et s'en faire consommer, bien entendu!).
Rasoir et laser sont un idéalisme pileux. C'est l'adoration de l'Au-Delà méprisant l'instant et prétendant faire oublier la réalité de l'Au-Delà qu'est le présent.

Comme tout idéalisme, il est réifié. L'idéalisme épidermique se contrefout des moyens pour atteindre sa fin. Ce n'est que vouloir correspondre, esthétiquement, à ce que nous convoitons ; mais sans pour autant être habité par ce qui motive ce que nous sommes et désirons : la dynamique vivante dépilatoire.

Le jardinage comme le jardin, sont fonction l'un de l'autre. Les moyens et la fin sont fonction l'un de l'autre. La réalité et son Au-Delà sont fonction l'un de l'autre. Tout est fonction du reste, car tout ce qui est n'est que mouvement perpétuel, n'est qu'éternel retour sur l'instant : tout ce qui existe est nécessairement vivant.

*

Ce que veulent ignorer les hypocrites, c'est que le jardin a sa vie, ses rythmes : repousse du poil, les règles, etc.
Ces rythmes conduisent le jardinier à avoir ses rituels, non seulement dans ses actions envers son corps, mais aussi dans la façon de vivre son corps dans la vie quotidienne.

Loisir à lui d'arracher ses poils ici, de les tailler aux ciseaux par là, d'en

laisser un peu par ici ou de tout arracher.
Que l'épilation soit totale ou partielle, ce qui est à retenir, c'est la dimension et la densité de l'intime que ce jardinage forge et épanouit au *dedans* de lui, tout en l'exprimant *sur lui*.

Les aisselles, les jambes, les doigts de pied, le maillot, le sexe, la barbe, la moustache, les sourcils, l'anus, les narines, les cheveux, le torse ou la poitrine, le dos, les bras ou les fesses, sont autant de parties de notre corps que le jardinage permet de rassembler en un résultat harmonieux : le « Moi ».

A contrario, la pilosité végétative et méprisante envers ce que notre corps produit n'est pas harmonieuse. La pilosité anarchique laisse en friche et morcelle en poils du cul, poils de couille, poils de truc ou de machin... ce n'est plus un corps, mais un puzzle où la tête méprise le sexe et où le corps atomisé est en conflit avec la tête déifiée. Où chaque poil, oubliant sa racine, prétend exister seul.

Le jardinage affirme tout ce qu'est notre corps et nos propres poils, comme poils de *mon* corps et corps qui est *mien*.
Ceci passe par des rituels, par des désirs, par une reconnaissance envers cette possibilité qu'est le jardinage. Reconnaissance envers les résultats, certes, mais aussi et surtout envers les possibilités qu'offrent à la fois les moyens dépilatoires et notre capacité à transcender ce qui est.
Tout ce qui existe : moi, le désir, le moyen...
Entre d'autres termes, il s'agit d'être reconnaissant, d'être humain, avec nos possibilités humaines et en affirmant notre dignité humaine grâce à ce maudit poil.

L'absence de reconnaissance envers nos possibilités pour nous-mêmes, comme dans le monde ou l'Univers, conduit inévitablement au mépris et à l'indifférence de ce qui *est*. Et cette indifférence envers la réalité n'est qu'amertume, résignation et défaite. Ce n'est qu'une demi-mesure existentielle où nous subissons ce que nous sommes tout en refusant d'investir ce que nous sommes.
Dès lors nous végétons dans ce que les circonstances veulent bien faire de nous, sans jamais nous battre pour ce que nous pouvons être pratiquement.

L'idéalisme, en toutes circonstances, n'est que la bonne conscience de l'inaction, du suicide ou des kamikazes.

*

Un Jardin au Poil est le fruit d'un combat sans cesse renouvelé, d'un effort constant à ne jamais s'abandonner aux circonstances. Ce n'est pas un résultat en soi, mais c'est aussi ce que ce résultat implique comme pratique et pensée, action et sentiment.
C'est mon corps que je veux investir de ma pensée et de ma sensibilité. C'est à la laideur du monde auquel j'oppose un désir de beauté et de générosité. C'est la réponse à l'Univers qui créa ce Jardin pour que j'y reflète Sa splendeur et Sa magnificence en m'y métamorphosant pour y jouir de Sa jouissance créatrice avec Lui, à travers Moi.

Joseph a parlé ! Loué soit Joseph !

Un jardinage de combat.

Il y a vanité à être beau, désirable et excitant, si tout ceci n'est qu'idéalisme aphrodisiaque.
Cette vanité implique un résultat et un investissement dans l'ego qui n'est qu'une représentation idéale de nous-mêmes que nous cherchons à faire valider dans les yeux d'autrui.
Pour croire à nos propres mensonges, il faut en convaincre les autres au préalable...

Provoquer des attirances et des convoitises par la séduction est nécessairement une vanité, car l'idée même de convoitise implique la possession, et que toute propriété est un défaut d'humilité envers Dieu qui est l'Unique Possesseur du Royaume.

Certes, la lieutenance adamique offre la souveraineté de chacun-e sur lui-même. Mais même à ce sujet, nos hypocrites sont tout renversés !
Ils ne cherchent pas la possession d'eux-mêmes (puisque ils abdiquent leur être au profit de leur ego), mais ils cherchent à posséder autrui par l'idéalisme aphrodisiaque que leur ego peut susciter.

La vanité n'investit pas la culture du corps, mais elle combat le corps duquel il s'agit de gommer les prétendues imperfections.
La vanité ne fait que glorifier un ego à travers un corps contre lequel la vanité se bat (car il y a les disgrâces, les fuites, l'âge, les modes, etc.).

La vanité est le phénomène où nous créons des situations pour que nous soyons flattés ou sanctifiés dans notre ego.
Elle exclut de sa compréhension de la séduction tout effort pour autrui. C'est-à-dire, qu'elle exclut toute démarche considérant l'autre comme similaire à nous, dans un monde similaire au nôtre et pouvant désirer et aimer les mêmes choses que nous.
La vanité implique l'ignorance volontaire d'autrui, tout en exigeant d'autrui notre dû : son admiration et son désir.
Il s'agit donc de vouloir incarner l'Au-Delà des autres. C'est une hérésie. C'est le Pape. C'est Ben Laden.

*

L'orgueil et la vanité reposent avant tout sur le fait d'être persuadé que le seul moyen d'exister, c'est de s'imposer aux autres comme supérieur *naturellement*. C'est donc contraindre les autres à une position inférieure. Position d'inférieur qui contraint qui s'y trouve, de se dépenser en efforts pour bénéficier des bonnes grâces de son supérieur.
Et c'est pas Dieu le supérieur pour le vaniteux ! Pour un vaniteux, c'est lui qui est supérieur à toute chose et même à Dieu !

Hérésie ! Hérésie !

*

Le vaniteux se livre poilu. Parfois, rasé. Mais même rasé, ce n'est pour les vaniteux qu'une manifestation encore plus grande de leur vanité, puisque ce n'est qu'une provocation de la convoitise à leur propos. Le Monde est résumé à n'être que leur auditoire ébahi devant leurs sophismes esthétiques et existentiels.

Enferrés dans le culte sophistiqué et esthétique du résultat, ils n'ont

nullement l'humilité requise pour être jardinier et comprendre que de l'individu à l'immensité de l'Univers, chacun est jardinier de jardins concentriques s'alimentant en jouissance les uns les autres.
Ils se prétendent centre du monde et moteur de celui-ci par leurs effets.

Ils vivent dans un Univers morcelé et brisé où les jardins n'ont d'utilité que pour être pillés et saccagés, privatisés et marchandés, rasés et exhibés. La vanité n'est que la guerre de l'individu contre le reste de l'Univers.
C'est l'adoration de la souffrance d'autrui pour appartenir au camp des « gentils ».
C'est le végétatisme absolu. La masturbation existentielle permanente. L'accusation stationnaire, tout autant pathétique que meurtrière.

*

L'humilité dépilatoire c'est justement combattre cette vanité qui peut poindre en chacun de nous. C'est savoir les Jardins périssables, soumis au temps et à ses cycles. C'est s'impliquer dans cet univers périssable que sont les Jardins en en revendiquant les aspects périssables qu'impliquent le poil, la vieillesse et la mort.
C'est cheminer Au-Delà du poil comme Au-Delà de toute chose, pour en discerner l'essence unique qui nous traverse tous et nous commande à chacun jouissance et bonheur, bienveillance et amour.

L'humilité dépilatoire, c'est savoir que notre œuvre commune est jardinage ; que notre intimité s'offre et se partage ; que notre monde et ses biens et ressources sont à tout le monde ; que l'univers, dans son immensité, contient toutes les jouissances.
C'est dénoncer les individus épris de vanité et d'orgueil à posséder.
C'est combattre ceux qui génèrent le mal, la frustration et la privation.
C'est affronter autant ceux qui se glorifient en leurs egos, que ceux qui se glorifient de leur martyr à exister.

Il s'agit d'être combatifs en toute circonstance, à la fois contre nos propres démesures que contre notre passivité et tout ce qui y invite et l'entretient.

*

Les soins que le jardinier porte à son corps n'ont pas pour intention de séduire autrui, mais de s'offrir à lui de façon appréciable. Ils n'ont pas pour objectif de s'exhiber pour générer de la convoitise. Ils ont pour objectifs de se sentir soi-même, de se posséder soi-même, de se façonner soi-même. Le tout, pour nous plaire à nous-mêmes - ce qui est tout de même le moindre des préalables avant de prétendre plaire à autrui.

Il n'y a nulle vanité dans l'épilation !

Dans notre monde d'humiliations et de frustrations où les egos sont les seules formes tolérées de nous-mêmes pouvant se manifester dans la vie sociale ; chacun est persuadé qu'il n'a rien à offrir, qu'il n'est qu'une merde, qu'un poids mort, qu'une source d'emmerdes pour les autres. D'où cette nécessité de forger des egos « suffisants » nous permettant de nous mentir à nous-mêmes pour nous tolérer, tout en mentant aux autres pour les posséder.

Les uns pallient à cette condition par une adoration forcenée de leur ego, jusqu'à en oublier *leur* réalité qui n'est que mutilation. C'est là la source de l'orgueil et de la vanité. Celui-là accepte toutes les oppressions spectaculaires au prétexte de s'opposer à l'inévitable qu'est la maladie, la vieillesse et la mort.
Le monde est rempli de gens qui fuient leurs conditions réelles de sujets périssables. Ils se fuient dans des représentations d'eux-mêmes on ne peut plus artificielles.
Le monde est rempli de gens qui fuient leurs autismes existentiels en prétendant aimer quelqu'un.
Le monde est rempli de lâches qui fuient leurs responsabilités et possibilités sur les Jardins (corps, monde et univers) en accusant du mal un Dieu qu'ils n'ont pourtant jamais admis.

Les jardiniers, eux, investissent leurs conditions d'être précaires et esseulés. Ils revendiquent leurs Jardins, les occupent et se battent pour en être les jardiniers, et non plus les éboueurs.
Ceux-là sont humbles, car la démarche combative s'inscrit dans une réciprocité avec les Jardins et tout ce qui y demeure. Ce qui est défendu, c'est un droit mutuel des jardiniers sur les Jardins, des Jardins sur les

jardiniers et, des jardiniers entre eux.

A contrario, l'ego ne cherche qu'à tirer profit de la situation telle qu'il se la représente. L'ego ne peut vouloir que contenir et maîtriser son environnement pour qu'il soit cohérent avec sa mythomanie. Le combat est le propre du jardinier et ce combat force l'ego à la rédemption envers la mythomanie dont il est le fruit.

Dans un monde où les jardins sont morcelés en parcelles privatives et confiscatoires, la personne qui s'estime privée de son droit à cultiver sa propre personne, le monde et l'univers, ne peut être qu'un combattant doublé d'un jardinier.
Cette combativité implique une conscience de la laideur et de la famine actuelle. Cette conscience n'est possible qu'en étant humble, car seule l'humilité nous permet de constater ce que nous devrions être et avoir, autant individuellement que collectivement, alors que nous en sommes privés. Sans humilité, nulle lucidité – sans lucidité, nulle combativité. Sans humilité ni lucidité, il n'y a que l'ego qui grossit, étouffe et salit tout.

L'humilité est à l'origine de la combativité et du jardinage. C'est la reconnaissance de notre propre impuissance qui nous permet, justement, de pouvoir la dépasser.
La vanité qui est à l'origine de l'avilissement et de l'ego, est une esquive envers notre humiliation quotidienne. Une esquive de la réalité qui repose sur le seul fait d'en imposer aux autres – en imposer pour les affaiblir et les rendre témoins de nos mensonges pour qu'ils y croient et nous en convainquent nous-mêmes.

La vanité enracine le poil du mal dans le cœur de l'humain... Arrachez-le !

Jardin des désirs

Le désir est infini, total et absolu. Il traverse tout ce qui est. Il est tout ce qui est. Et ceci pour la bonne et simple raison qu'à partir du néant, il n'y a qu'une motivation audible pour pouvoir être : le désirer.
Tout ce qui est, fut et sera, n'est possible que parce qu'il y a désir à exister dans la pré-existence qu'est l'Univers – qu'est la totalité matérielle. Ainsi des gamètes mâles et femelles produits par le corps et s'attirant l'un l'autre

pour engendrer un embryon qui se désire lui-même comme individu.

Le désir prédomine et précède son objet.
Avant de naître, je n'existais pas, mais le fait demeure entier : des organismes désirant exister pour eux-mêmes m'ont eux-mêmes engendré.
Depuis la bactérie, jusqu'aux séries de singes allant en évoluant, en passant par l'homme des cavernes, pour en arriver à l'ovule de ma mère et à l'éjaculation de mon père, tout ce qui existe et me fait exister n'est dû qu'aux désirs engendrant de façon collatérale et involontaire, d'autres désirs, d'autres existences.
L'existence particulière se présente donc comme un dommage collatéral aux désirs d'exister d'objets pré-existants. Cette pré-existence ne se concevant que rétrospectivement à ce qui est déjà, il devient donc évident que *Le* désir est intemporel, infini et universel.

L'existence ne peut être qu'en se désirant elle-même à travers l'infinie variété de ses possibilités intellectuelles, sensorielles, émotionnelles, etc.
Le désir est donc l'alpha de chaque chose. Mais il est aussi l'oméga de toute chose. Le tout en tant que chose unique et générant chaque chose en lui et se magnifiant de son propre désir de lui-même à travers chaque objet qui naît, vit, s'étiole et meurt, se représente donc comme une totalité qui dépasse nos propres capacités conceptuelles. Capacités conceptuelles dont le paradigme se résume en un concept : Dieu.
Ce Tout est la finalité ultime et désirable de tout ce qui peut être existencié, créé ou imaginé : chaque chose est contrainte de reconnaître les autres choses comme choses présentes, tout en ne pouvant connaître que des choses qui existent nécessairement.
Il nous est impossible d'imaginer ou d'inventer quoi que ce soit qui n'existe pas déjà sous une autre forme et autrement.

Le désir ne peut se comprendre que par *Son* omnipotence et *Son* omniscience de lui-même. Dès lors, *les* désirs sont des applications temporelles *Du* désir qu'à l'univers d'exister pour Lui-même. *Les* désirs sont des réalités pour nous, mais Au-Delà de chaque désirs, il n'y a que *Ce* désir unique de l'univers qui s'exprime dans chaque particules de matière et d'antimatière qui le constituent.

Le désir d'existence de chaque être, n'est une réalité que par l'interdépendance de chaque choses entre elles au sein du Tout. Et ce Tout ne peut que *Se* désirer Lui-même et qu'à travers Tout ce qu'Il est, fut et sera.

*

La Guerre du Poil est donc muée par ce désir : un désir total, complet et absolu. Non pas un désir de néant, mais un désir de l'existant. Nul nihilisme nulle passivité dans la Guerre du Poil !
La Guerre du Poil est Au-Delà du doute conceptuel qu'est Dieu. C'est une guerre qui s'inscrit et se nourrit dans ce qui est défini et est absolument existant : le monde matériel et l'interdépendance qui le régit.

Cette Guerre n'en demeure pas moins pluridimensionnelle. C'est justement pour cela qu'elle évite la convoitise, le désir de s'approprier plus que soi-même, ainsi que de priver autrui de ce à quoi il a le droit : l'amour, l'aisance et la bienveillance.

Les poilus négligés végètent dans une résignation immonde envers ce monde. Monde d'où ils rejettent autant leur propre personne par le culte de l'ego, que la totalité de l'Univers par le culte de la représentation. Nul désir chez eux, mais la simple convoitise malsaine de posséder autrui, une maison, un chien ou des enfants. Les poilus s'affichent dans un monde où ils se crèvent les yeux et au sein duquel ils refusent de penser le moindre Au-Delà – le spectacle social devient leur unique réalité, leur seul rêve.
Ils n'existent presque pas, si ce n'est en affirmant que la décharge qu'est ce monde est immuable en tant que décharge. Ils s'y résignent et exigent la résignation universelle.
Frustrés, ils ne peuvent que se mentir à eux-mêmes et se nourrissent d'espoir rance en se branlant devant des pornos et en jouant au loto... Leur unique ambition se limite à vouloir posséder les détritus de ce monde.

*

L'apologie de la décadence n'est jamais que le fruit de petits merdeux bien établis dans un schéma de pensée masturbatoire où le bien et le mal, la

mort et la vie, la jouissance et l'abrutissement, ne se discernent plus pour, justement, ne plus avoir à combattre le mal, la mort et l'abrutissement.
Ils sont délations du spectacle par un contre-spectacle qui n'en demeure pas moins, un autre spectacle végétatif et résigné.
Bien, mal, mort, vie, jouissance... sont totalement avalés par leur insatiable noirceur suicidaire qui prétend « s'épanouir » et « jouir » de l'existence, alors qu'il ne s'agit que de se divertir pour ne pas voir en face l'immonde lâcheté dont ils font preuve dans la vie. Lâcheté dont témoigne leur abominable pilosité et tout leur patrimoine constitué de déchets recyclables et recyclés depuis la nuit des temps.

Ils ne désirent pas : ils convoitent. Ils ne jouissent pas : ils dépossèdent. Ils ne regardent pas : ils s'arrachent les yeux pour ne plus rien avoir à voir.
Ils sont l'origine et la finalité de leurs actions et pensées : ils sont un néant passé et en devenir qui se nourrit des excréments des générations passées.
Ce sont les suppots athées du nihilisme religieux qui va pomper des excuses bancales et confortables dans Nietzsche. Nietzsche qui dégueule pourtant sur leurs pompes sa gaieté du savoir.
Ce sont les apôtres d'un Cioran duquel ils réfutent la géniale conscience qu'il y a une tentation à exister.

Ils sont leurs propres alibis. Ils se désignent coupables à leurs propres yeux et se condamnent à cette vie de rien. Puis, ils s'accordent toujours une grâce, à un moment ou à un autre, car ils établissent un doute raisonnable à propos du bonheur que nous pourrions tirer en nous vautrant dans la décharge de leur monde.

Voilà le monde de l'expiation hippie, punk et velue, le monde de la mortification hédoniste des teuffeurs toxicomanes et alcooliques.
C'est aussi le retour des prêcheurs hystériques du Moyen-Âge qui prônent l'austérité d'une révolution en devenir et les processions pacifistes où il s'agit de se mutiler l'âme et les sentiments en se comptant pour survivre dans les médias : « Nous étions 10.000 !!! ».
Voilà les postures où on est ceci ou cela... voilà comment exister dans un monde irréel où nous recyclons notre profond désir de vivre, en une identité clanique de décadent, de hippie, de punk, de gauchiste, de fasciste, etc.

Tous ceux-là sont nos adversaires parce qu'ils sont passifs et végétants. Parce qu'ils font l'éloge des détritus où ils se vautrent. Ce sont nos ennemis, parce qu'ils créaient des systèmes brutaux et barbares nous gavant de déchets - systèmes dirigés par les plus vaniteux d'entre eux.

Ce sont les poils du monde qu'il nous faut arracher pour jouir totalement de nos Jardins. Jardins où leur passivité entretient la pousse mortifère et suintante des barbelés et des frontières en mutilant l'humanité et la Terre, justement parce qu'ils se sont résignés à cette barbarie ! Justement parce qu'ils ne tolèrent pas que nous, nous ne nous y résignions pas !
C'est aussi ça que la Guerre - La Guerre du Poil !

*

Les fruits des Jardins sont gratuits, offerts. Notre rôle n'est que d'embellir les Jardins, que de nous en faciliter l'accès les uns aux autres.
Cette affirmation des plus simples est au cœur des problématiques et conflits de la Guerre du Poil où l'amour se marchande, où nous nous faisons déposséder de nous-mêmes, où les genres s'affrontent, où l'ignorance est glorifiée, où les rapports inter-individuels comme structurels ne se raisonnent que par la domination, l'identitarisme et l'avilissement.

La Guerre du Poil est une guerre à mort contre les marchandages. Nos guerriers et guerrières ne se comptent pas, ne s'économisent pas, ne se négocient pas.
Ils jardinent un monde, un corps et un univers. Ils en incinèrent les ordures à coups d'incendiaires artisanaux et de caresses brûlantes sur leurs sexes. Ils brûlent de désir les autorités, les médiocrités et les propriétés aux rythmes des noms de Dieu qui défilent au fond d'eux, sur eux et tout autour d'eux.

Nous rappelons la réalité contre le spectacle. Et cette réalité consume la décharge du monde en en refusant les frontières et les limites, les représentations et les polices.

Le monde *vrai* s'offre à nous.

La jouissance d'un rayon de soleil sur le visage est notre bien - le pillage des rayons cosmétiques des grandes surfaces est une manifestation de notre combat !
Nous ne nous épilons pas pour mieux nous vendre auprès d'autrui, mais pour nous offrir à lui comme le monde et l'univers s'offrent à nous : purs et sans souillures.

Nous ne nous avilissons pas aux pratiques dépilatoires, mais nous transfigurons la laideur léthargique à laquelle on voudrait nous voir nous résigner.

Nous refusons l'autisme dans lequel ces raclures ont enfermé l'univers ! Nous réfutons en affirmant le désir et l'unicité de ce désir qui se manifeste en chacun-e et s'offre à chacun-e. La cire chaude est spirituelle et morale ! La cire chaude de l'univers arrache le silence que l'on reproche à Dieu en affirmant que l'Amour, que la Jouissance, que la Connaissance et que la Générosité sont les conjugaisons de Son Verbe avec nous-mêmes !

Nous refusons la neurasthénie civile en combattant pour le droit à jouir de sa vie pour chacun. En combattant nos propres résignations, notre propre défaitisme. En combattant, par et pour notre corps, et contre tout ce qui peut l'affamer, l'épuiser, l'enlaidir et l'assassiner.

Notre postulat est la gratuité. Notre combat va contre tout ce qui est payant. Notre garant devant les humains n'est autre que Dieu.

La Guerre du Poil arrache les étiquettes et dispose à la jouissance. Combattez !

L'épanouissement est un bulldozer

La beauté, susciter le désir, se consacrer un tant soit peu à se rendre séduisant et jouir de la beauté nous environnant, voilà ce que nous appelons communément : s'épanouir.

Le monde spectaculaire de la marchandise prétend être l'unique monde. Il nie celui de la personne comme celui de l'univers. La structure même de ce monde subsume si bien ce que j'appelle ici les jardins, que les sujets (tous

les sujets!) relatifs à la vie et à la pensée ne se pratiquent plus qu'à travers l'exploitation mutuelle.
Non content de résumer les mondes au seul monde commercial ou règne l'avilissement mythomane, ce dernier se prétend raisonnable et réel contre Dieu. Vivre dans ce monde prétendument raisonnable et rationnel n'est qu'une mythomanie perpétuelle. C'est un monde où l'on se persuade de la réussite individuelle, de la propriété et des marchandages de tout poils.
L'avilissement y est total et s'y affermit en confondant la notion de *distraction*, avec la notion d'épanouissement. Se distraire n'étant que détourner le regard de la réalité salasse pour la laisser nous noyer.

L'amour n'y existe pas, la méditation n'y existe pas, la haine n'y existe pas, le bonheur n'y existe pas, l'amitié n'y existe pas, les compétences n'y existent pas... Il n'y a que de l'exploitation et de la mythomanie d'exploités s'exploitant les uns les autres en leurs qualités et défauts.
Exploitation de la frustration affective par le marchandage et la mythomanie amoureuse.
Exploitation de la frustration du recueillement par le marchandage religieux et ses mythomanies à propos de la promesse d'un Au-Delà - Au-Delà toujours plus imperceptible et fantastique.
Exploitation de la conscience d'être interdit en consommant de la haine raciale et ce dont on se persuade pour pouvoir haïr à loisir celui, celle ou ceux que nous considérons responsables de notre neurasthénie existentielle.
Exploitation de la quête du bonheur par sa marchandisation à travers moults objets et services insatisfaisants, mais entretenant notre insatiabilité à vouloir consommer du bonheur, faute de pouvoir nous le bâtir pour nous-mêmes. Croire à la consommation du bonheur, encore une mythomanie !
Exploitation de la frustration sociale par les fêtes, les bars, etc. où il s'agit de bien se vendre socialement auprès des autres, tout en consommant allègrement des produits neutralisants – abrutissants. Mythomanie de celui qui dit « faire la fête », alors qu'il ne fait que neutraliser sa mélancolie.
Exploitation, toujours, de nos compétences et de nos loisirs. Distractions mythomanes à propos du « travail bien fait » et des distractions culturelles, sportives ou abrutissantes où nous nous valorisons comme nous pouvons. Mais toute valeur est quantifiée par *la* valeur économique ; celle des produits que nous ne rechignons même plus à payer et à faire payer,

puisque ce sont eux seuls, qui nous valorisent.
Voilà le monde ! Voilà le fantasme des « gens raisonnables » !
La gratuité y est suspecte. Ce qui est gratuit, sans attente de retour ou de compensation, est nécessairement inférieur à tout ce qui est payant – ce qui est gratuit est sans valeur, donc inutile à notre existence marchande et mythomane.

Pire, la gratuité, c'est la ruine de ce monde ordurier.
La gratuité, telle est l'une de nos armes dans la Guerre du Poil, car nous voulons ruiner toute exploitation, toute mythomanie, tout spectacle. Nous voulons ruiner le monde marchand...

*

Laideur totale de l'avilissement que des personnes peu éclairées et victimes d'une grippe nihiliste, - genre souche résistante -, dénoncent comme étant des *séductions*.
Toutefois, il ne s'agit guère de *séduction*, mais d'une *interdiction* formelle à s'épanouir.
Ce monde n'a pour seule fonction et but que d'exploiter jusqu'à la mort tout ce qui existe réellement pour le revendre sous forme de marchandise. Et qu'est-ce que la marchandise et sa valeur si ce n'est une croyance que ceci vaut tant et qu'elle va nous rapporter tant ? - Le monde marchand n'est qu'une superstition débile où la foi en l'argent est pathologique, mythomaniaque.

Tout ce qui *est* est avili au végétatisme, à la résignation et à la consommation d'une multitude de biens, personnes et services qui n'ont pour seules vertus que d'être des anti-douleurs dans un monde qui n'est que torture.
La *séduction* n'est pas le marketing auquel nos grippés l'assimilent pour s'affranchir du moindre effort aphrodisiaque.
La séduction est et reste un effort, une construction de soi-même, dont le but ne peut être que l'embellissement du monde. Embellissement vital pour tout être humain n'ayant pas vendu sa conscience contre une épargne.
Embellir le monde c'est aussi et surtout vouloir rendre le monde auquel nous appartenons, séduisant. Rendre séduisant le monde en cultivant sa

propre personne, c'est précisément s'opposer et combattre ceux qui en font une décharge répugnante.

La Guerre du Poil est une riposte à la marchandise comme aux grippes nihilistes. C'est vouloir être beau pour jouir de soi-même et faire jouir autrui de ce que nous lui offrons. C'est une contribution à la lutte contre la laideur du monde, c'est un combat contre la monstruosité coupable dont nous nous accusons, chacun, dans notre plus profonde intimité.

Le désir et la séduction sont des bulldozers. Ce sont les bulldozers qui vont réduire à l'état de ruine les prisons foncières, représentatives ou bancaires où on nous propose de nous enfermer *démocratiquement*, *humainement*...

*

Toutes les lâchetés, les petitesses et les insultes auxquelles s'exposent les « marginaux » et les « intellos » dans mon genre, ne m'ont pas encore tué. Elles n'ont pas encore permis aux crapules me les formulant, de dissimuler leurs propres laideurs et immondices, leurs propres mythomanies existentielles.

Je rote à la gueule de celles qui voudraient me voir mendier de leur amour - puisque c'est ainsi que se formulent les marchandages amoureux.

Non chérie ! Je ne marche pas ! Je ne croirai pas ! Je ne paierai pas !

Je pète à la tronche des investissements que l'on me demande de placer dans telle activité, telle relation, tel travail – puisque c'est ainsi que se pratiquent les interactions sociales.

Non Monsieur ! Je ne me valoriserai pas ! Je ne me vendrai pas ! Je ne demanderai jamais d'autres salaires que ceux que la vie, - la vraie vie constituée de mes sens et de mes besoins -, m'offre et me demande !

J'aurais pu crever de solitude. Mourir en dehors du monde. J'aurais pu être montré aux enfants comme le contre-exemple à ne surtout pas suivre. Il n'en est rien... car je suis une terreur.

J'ai la langue terroriste, la raillerie acide. J'ai une foi inébranlable en l'amour. J'ai la certitude que la croisade du monde des vivants contre le monde des morts, est l'axe même de la vie, du désir de vie, de la raison même de vivre !

Les mythomanes ne peuvent se passer de moi, car je suis leur conscience. Une mauvaise conscience peut-être, mais la dernière conscience qui leur reste.

*

Durant ma vie, j'ai la prétention de n'avoir avili personne. J'ai la prétention de m'épanouir en écrivant ce texte où je n'investis que mon désir et ma folie.
En face de moi, les idéaux rose bonbon se sont faits broyer. Les lâchetés à refuser les *vrais* combats dans le seul but de « *séduire* » le maître, je les ai dénoncées ! Je les ai combattues ! J'ai contraint qui de droit à assumer ce qu'il avait perdu : son *humanité*.

*

Je l'affirme sans l'ombre d'un doute : nous ne nous épanouissons pas en se fuyant, mais en se retrouvant soi-même. En arrachant, sans hésitation, le poil de nos bassesses qui prolifèrent sur nos cœurs.

Les règles et crédits de ce monde, de sa consommation et de ses rôles, de ses marchandises et de ses exploitations, de l'abrutissement et de ses allures... les règles de ce monde sont les règles de l'égarement. De l'éloignement toujours croissant avec soi-même.

Suivez une seule de leurs règles pour flatter les rois et les petits seigneurs de ce monde, et vous devenez cet illustre crétin qui se félicite de son intégration dans un monde irréel où les seuls egos existent et se persuadent d'être le seule forme d'existence, alors que ce ne sont que des fantômes. Alors que ce ne sont que mes victimes à venir.

Partout, il n'y a que ce crétinisme mythomane qui excuse la résignation à n'être que de la merde en invoquant la maturité, la responsabilité : une image intégrée de soi-même dans la fantasme collectif.
Responsabilité de pourrir ? Responsabilité d'élever ses enfants pour les

envoyer à l'abattoir ? Responsabilité de faire des crédits ? - Irresponsabilité suicidaire que tout ceci !

Nous avons un monde en dépôt. Nous avons nos propres corps en dépôt. Nous avons des désirs à ne plus savoir qu'en faire ; nous avons le soleil et la pluie ; les montagnes et les champs ; les fruits et le rire des enfants !
Il est irresponsable de vendre sa frustration pour acheter des chimères !
Il est irresponsable de vendre son corps et son temps pour pouvoir bouffer !
Il est irresponsable de ne pas jouir du soleil du printemps, de ne pas courir nu sous la pluie du mois d'août !
Il est irresponsable de parcelliser les montagnes et les champs pour en définir un mortifère cadastre !
Il est irresponsable d'accepter de payer pour vivre et de vivre pour payer !
Il est irresponsable de théoriser par de fumeuses et cruelles théories la tristesse des enfants quand ils saisissent que les adultes ont perdu toute dignité, tout contact avec la réalité... sont des menteurs !

*

J'écris, je hurle, je gueule. Je m'épanouis comme une fleur carnivore sur le tas de fumier de ce monde ! Je suis un bulldozer caustique et burlesque que la seule mise à mort fera taire ! Je suis une tumeur pour les citoyens irresponsables de ce monde. Monde que les citoyens veulent sauver de la ruine à laquelle je l'encourage. Je suis la preuve de *votre* faillite.

Je fonce sur eux pour anéantir le tas d'ordures qu'est leur misérable vie, car ce n'est qu'ainsi que je m'épanouis, que je vis, que j'arrache la toison résignée et hirsute des prostitués de ce monde fantasmé.
Monde d'illusions et de chimères qui ne peut que s'effondrer devant la puissance *Du* désir.
Désir qui fait exister chaque chose. Désir qui *S*'offre et se reçoit moyennant l'épilation des poils capitalistiques qui enlaidissent la vie et la marchandent.

Nul ne peut s'épanouir sans saboter ce monde de déchets... S'épanouir c'est développer la beauté de l'existence dans un monde ne se nourrissant que de

ses propres excréments. S'épanouir ne peut être une réalité qu'en étant les fossoyeurs de ce monde. S'épanouir c'est refuser d'en manger la merde. S'épanouir n'est possible qu'en cultivant un verger de jouissance qui, enfin, nous nourrit de fruits savoureux que nous défendons contre les salissures du monde.
Ce verger est interdit, prohibé... si l'on ne se bat pas, le monde irréel des irresponsables vient sans cesse y déverser ses ordures. Au préalable, il nous faut donc ruiner le monde.

Il s'agit de se battre pour cette liberté qui n'est ni négociable ni escamotable.
J'existe et cette existence me donne un droit sur ma vie et tout ce qui la permet et lui donne de la consistance. Ce droit à jouir de nos vies n'est nullement sujet à caution ou à discussion. C'est un fait, une réalité qui s'impose contre tous les systèmes, contre tous les dogmes, contre toutes les superstitions.
Et parce que je suis vivant et que mon droit sur ma vie est ce qui me définit en tant que vivant, vivre dans le même univers que celui d'idoles m'interdisant ceci ou me marchandant cela, m'est impossible.

Je suis vivant, conscient de ma précarité de vivant, conscient de mes droits fondamentaux de vivant et de mon devoir élémentaire de vivant. Devoir élémentaire qu'est le Jihad contre la mort et tout ce qui pourrait me faire accepter la mort, en tout ou en partie, dans ce qui reste indiscutablement être ma vie. Vie dont j'ai la responsabilité devant Dieu qui me commande le Jihad pour la défendre.

J'incite ouvertement au Jihad contre ces nouveaux Thagout !

Arnarchy in the garden !

Je suis le cancer d'un monde qui a trop fumé dans sa jeunesse. Je suis la tumeur bel et bien vivante de ce monde mythomane. Je suis l'annonce de sa ruine, de *notre* ruine.
Je suis l'arracheur de Poils pubiens, de Poils marchands, de Poils religieux.

Je suis suppléé par l'Ange Dépilateur !!!

Je suis celui qu'il faut enfermer, sédater, faire taire, discréditer, humilier, mais sur lequel votre lâcheté à exister vous interdit de frapper ! Je suis la force qui existe grâce à votre seule faiblesse. Je suis demain aussi sûrement que vous êtes hier.

Je suis le rire de ce qui vous fait pleurer à l'ordinaire, je suis votre dernier et unique salut.

Et je ne dépends pas de vous, car mon salaire n'incombe qu'à Dieu. Il en est de même du vôtre... mais vous l'ignoriez encore.
Dorénavant, vous le savez.

FIN.

SOMMAIRE